에어프라이어
황금레시피

에어프라이어
황금레시피

1판 2쇄 발행 2019년 12월 10일

지은이 | 이밥차 요리연구소
펴낸이 | 김선숙, 이돈희
펴낸곳 | 그리고책(주식회사 이밥차)

주소 | 서울시 서대문구 연희로 192 이밥차빌딩 2층
대표전화 | 02-717-5486~7
팩스 | 02-717-5427
홈페이지 | www.andbooks.co.kr
출판등록 | 2003.4.4. 제10-2621호

본부장 | 이정순
편집 책임 | 박은식
편집 진행 | 홍상현, 권새미
요리 진행 | 이밥차 요리연구소
영업 | 이교준
마케팅 | 장지선
경영지원 | 문석현

포토디렉터 | 율스튜디오 박형주
푸드 스타일링 | 김미은
교열 | 김혜정
표지 디자인 | 손은주
본문 디자인 | 넘버나인 임병천, 이동헌

© 2019 그리고책
ISBN 979-11-964644-9-3 13590

- All rights reserved. First edition printed 2019. Printed in Korea.
- 이 책을 무단 복사, 복제, 전재하는 것은 저작권법에 저촉됩니다.
- 값은 뒤표지에 있습니다. 잘못 만들어진 책은 바꾸어 드립니다.
- 책 내용 중 궁금한 사항이 있으시면 그리고책(Tel 02-717-5486, 이메일 tiz@andbooks.co.kr)으로 문의해 주십시오.

더 쉽고, 빠르고, 맛있게!

에어프라이어 황금레시피

지은이 이밥차 요리연구소

그리고책
andbooks

Prologue

에어프라이어 이젠 집에 하나씩 있으시죠? 오븐처럼 덩치도 크지 않고 아담한 게 앙증맞기까지 하죠. 손님상에 올릴 메뉴가 급할 때 멋지게 메인요리 뚝딱 만들 수도 있고요. 그런데 써보니 어떠신가요? 생각처럼 요리가 잘 되나요? 인터넷에선 에어프라이어로 요리하기 정말 쉽다며 다들 예쁜 음식 사진으로 가득하죠. 내가 산 에어프라이어는 품질이 별로 안 좋은 건가 싶기도 하고 말이에요. 이제 그런 고민은 그만! 누구나 쉽고 간단하게 요리할 수 있는 에어프라이어지만 약간의 디테일이 필요해요. 조금만 꼼꼼하게 재료를 손질하고 요리하면 훨씬 맛있는 요리를 만들 수 있어요.

요리 초보에게는 그것조차 부담이라고요? 걱정하지 마세요. 〈에어프라이어 황금레시피〉는 초보자부터 누구나 따라 할 수 있도록 메뉴별로 쉽고 친절하게 구성했어요. 전자레인지 돌리듯 간단하게 온도와 시간만 세팅하면 되는 '에어프라이어 기본 메뉴'부터 재료별로 최적의 맛을 내는 레시피, 시판제품보다 훨씬 맛있는 요리 까지 다양해요. 이제 에어프라이어로 쉽고 맛있게 요리해보세요. 이밥차만의 특별한 밥숟가락 계량법도 빼먹지 않았어요. 복잡한 조리도구나 계량도구 없이 집에 있는 밥숟가락만으로 정확하게 계량하고 책에 나온 레시피와 똑같은 맛을 내보세요.

에어프라이어 쓸 때 궁금했던 점들도 이밥차 요리연구소가 꼼꼼하게 알려드릴게요. 요리별로 적절한 온도와 시간뿐만 아니라 기본적인 에어프라이어 사용 팁까지 알려드립니다. 단순히 고기를 조리하는 것을 넘어서 반찬, 디저트 레시피 등 다양한 활용법까지 꼼꼼하게 담았어요. 아이들이 좋아하는 간식 레시피도 놓치지 않았죠. 에어프라이어로 할 수 있는 요리는 어디까지일지 기대되지 않으세요?

늘 쉽고 간편한 레시피를 알려드리는 이밥차 요리연구소만의 특별한 레시피로 이제 맛있는 요리 여행을 떠나보세요.

이밥차 요리연구소

〈에어프라이어 황금레시피〉
사용 설명서

온도
에어프라이어로 조리하는 온도입니다.

재료 준비
요리를 만들 때 꼭 필요한 재료입니다.
필수 재료는 요리에 필요한 핵심 재료예요. 빠짐없이 준비해주세요.
선택 재료는 비슷한 재료로 대체하거나 생략 가능해요. 입맛에 따라 준비해주세요.

조리 시간
에어프라이어로 조리하는 시간입니다.

Plus Recipe
같은 재료로 만들 수 있는 요리팁을 소개해드려요.

Contents

Intro
웰컴 에어프라이어 월드

- 10   에어프라이어팁팁팁
- 12   에어프라이어로 만드는 건강 간식 4종
- 14   에어프라이어, 어디까지 써봤니?
- 17   에어프라이어 Q&A
- 18   계량법

Part 1.
에어프라이어
기본 메뉴

- 22   김구이
- 24   통조림햄구이&달걀볶음밥
- 26   라면땅
- 28   순대샐러드
- 30   옥수수버터구이
- 32   막창구이
- 34   벌집통삼겹살구이&파절이무침
- 36   누룽지&떡뻥&볶은땅콩
- 38   군밤
- 40   크런키쥐포
- 42   통닭구이

Part 2.
채소가 이렇게 맛있었나요?
채소 메뉴

- 46   새송이프파리카볶음
- 48   햇마늘고추장조림
- 50   구운가지나물
- 52   구운브로콜리샐러드
- 54   검은콩뻥튀기
- 56   다시마튀각
- 58   채소후리카케&주먹밥
- 60   셰퍼드파이
- 62   단호박에그슬럿
- 64   아보카도튀김

Part 3.
맛도 영양도 업그레이드!
고기 메뉴

- 68   라면스프치킨
- 70   간장제육볶음
- 72   바비큐폭립
- 74   항정살된장구이
- 76   춘천식 닭갈비
- 78   쇠고기아스파라거스볶음
- 80   닭가슴살스테이크
- 82   쇠고기토마토구이
- 84   단호박훈제오리구이
- 86   베이컨맛탕

Part 4.
비린내 전혀 없어요.
생선 & 해산물 메뉴

- 90 간장버터통오징어구이
- 92 랍스터꼬리구이
- 94 바지락찜
- 96 가자미튀김
- 98 크리미어니언노가리
- 100 고등어된장구이
- 102 가리비 버터갈릭구이
- 104 바지락튀김
- 106 명태껍질채소무침
- 108 매콤아귀포
- 110 마늘종멸치볶음
- 112 황태채볶음

Part 5.
간편하게 맛있게
핑거푸드 & 베이킹 메뉴

- 116 생크림머핀
- 118 호떡시나몬롤
- 120 대추소스사과파이
- 122 감자치즈볼
- 124 누가크래커
- 126 컵브라우니

Part 6.
작은 팁 하나로 근사한 요리가 완성!
시판제품 메뉴

- 130 소시지케첩볶음
- 132 치즈스틱 with 대파소스
- 134 베이컨칩
- 136 족발페퍼구이
- 138 할라피뇨치킨
- 140 핫도그피자
- 142 가츠산도
- 144 만두소시지꼬치
- 146 크림파스타칩
- 148 잡채짜조
- 150 교자 파르메산 크럼블

- 152 인덱스

Intro | 웰컴 에어프라이어 월드

같은 요리라도 디테일에 따라서 맛이 달라지죠.
에어프라이어로 한 끗 차이 맛을 내는 비결을
소개합니다.

하나부터 열까지
에어프라이어 팁팁팁

집에 한 대씩은 다 소장하고 있는 에어프라이어. 인터넷엔 에어프라이어 사용법에 대한 팁들이 넘쳐나는데요. 이밥차 에디터들이 직접 체험해보고, 검증해봤어요. 알아두면 좋은 꿀팁 놓치면 후회하실지도 몰라요.

사용팁

예열 시간이 필요해요.
에어프라이어도 오븐과 같이 내부를 미리 데워준 후 사용하면 조리시간이 단축되고 음식 맛도 살아나요. 조리 온도에 맞춰 2~3분 정도 예열 후 사용하세요.

바스켓에 너무 많은 음식은 NO!
한 번에 많은 음식을 넣고 돌리면 조리시간이 늘어날 뿐만 아니라 전반적으로 고루 익지 않으니 바스켓 용량의 절반만큼만 담아주세요.

적당한 거리는 필수!
벽에 너무 바짝 붙여놓으면 기기과열이 있을 수 있으니 주변 물건을 정돈하고 벽에서 10cm 이상 공간을 확보하세요.

 조리팁

1 재료별로 조리법이 다 달라요

 ▶  ▶

밑반찬류 에어프라이어에 재료를 돌린 후 열기가 남아 있는 상태에서 양념장을 버무리면 간편하게 완성!

생선 종이포일을 생선에 말아 구우면 육즙이 날아가는 것을 막아줄뿐더러 비린내까지 잡아줘요.

육류 소용량 에어프라이어를 사용하거나 많은 양의 고기를 조리할 땐 눕히지 말고 세워서 구워주세요.

2 촉촉한 식감을 원할 땐

채소의 경우 바스켓 아래에 물을 넣어 조리하고, 고기는 양파를 덮어 수분을 보충해주세요.

관리팁

기름기 많은 재료를 사용할 경우
바스켓 구멍에 낀 기름은 밀가루로 문질러 덩어리로 만든 뒤 가볍게 털어 세척하세요.
plus+ 종이포일은 열선에 닿으면 탈 수 있으니 바닥에 맞춰 낮게 끼는 것이 좋아요.

어려운 열선 청소 쉽게 하는 법!
레몬즙과 소주를 1:1 비율로 섞어 열선과 팬에 분사한 후 10분이 지나면 살짝 젖은 키친타월이나 부드러운 천으로 닦아주세요.
plus+ 열선은 사용 후 바로바로 닦고 묵은 때는 전용세제를 이용하세요.

세척 후 물기를 꼼꼼히!
대충 닦아 사용하다 보면, 연결부 사이에 녹이 슬 수 있어요. 마른 천으로 바스켓과 본체 연결부의 물기를 꼼꼼히 닦아 완벽하게 제거해주세요.

첫 사용 전 공회전은 필수
제품 특유의 플라스틱 냄새를 날리기 위해 가장 높은 온도로 20분씩 2회 공회전하세요. 그 후 식초(1), 베이킹소다(1)를 희석한 물로 세척한 뒤 사용해요.

에어프라이어로 만드는 건강 레시피!

에어프라이어로 만드는 건강 간식 4종

건강간식 1

칼집 내기가 필수!
군밤

조리하기

1. 물에 베이킹소다(2)를 풀고 군밤을 담가 30분간 불리고,
2. 밤 밑동에 십자 모양으로 칼집을 길게 내고,
3. 에어프라이어 온도를 190℃에 맞춰 20분간 돌려 마무리.

- 베이킹소다를 넣으면 군밤 껍질이 말랑말랑해져요. 베이킹소다 대신 소금을 넣어도 OK!
- 크기가 작은 군밤 기준이에요. 크기별로 군밤 불리는 시간을 10분씩 늘려주는 것이 좋아요.
- 칼집을 너무 깊게 내면 수분이 빠져나가 퍽퍽해질 수 있어요. 칼집은 적당한 깊이로 길게 내주세요.

건강간식 2

오독오독 씹히는
연근칩

4mm로 썬 연근칩

슬라이서로 썬 연근칩

조리하기

1. 연근은 4mm로 얇게 썰어 식촛물에 30분 정도 담그고,
2. 연근은 키친타월로 물기를 뺀 뒤 겉면에 식용유(약간)를 바르고,
3. 에어프라이어 온도를 150℃에 맞춰 15분간 돌린 뒤 한 번 뒤집고 120℃에서 10분 돌려 마무리.

- 얇은 칩처럼 즐기고 싶다면 슬라이서를 사용해주세요.
- 식촛물에 연근을 담가두어야 전분과 떫은맛이 제거돼요. 연근이 푹 잠길 정도면 충분해요.

- 슬라이서로 얇게 썬 연근은 150℃에서 15분만 돌려줘도 돼요.

부엌 필수템으로 자리 잡은 에어프라이어.
그동안 냉동식품만 즐겼다면 신선한 재료로
건강 간식 만들기에 도전해보세요.

건강간식 3

두께가 관건!
두부칩

조리하기

1. 두부는 4mm로 썰어 키친타월로 물기를 최대한 제거하고,
2. 두부 겉면에 식용유(약간)를 바르고,
3. 두부를 최대한 겹치지 않게 펼쳐 넣고 에어프라이어 온도를 180℃에 맞춰 7분간 돌린 뒤 한 번 뒤집고 다시 8분간 더 돌려 마무리.

두부는 으스러질 수 있기 때문에 부침용 두부나 포두부를 사용하고 적당한 두께감을 유지해 썰어주세요.

기름을 많이 바르면 느끼할 수 있어요. 두부가 들러붙지 않을 정도만 살짝 발라주세요.

건강간식 4

낮은 온도로 시작해요
구운 달걀

조리하기

1. 에어프라이어에 달걀을 넣고 80℃에서 20분, 140℃에서 20분간 돌리고,
2. 구운 달걀을 찬물에 10분 정도 담근 뒤 껍질을 제거해 마무리.

냉장고에서 꺼낸 달걀은 꼭 상온에 두어 찬기를 뺀 뒤 에어프라이어에 넣어주세요.

찬물에 식혀야 껍질이 잘 벗겨져요.

에어프라이어로 만드는 간단 레시피!

에어프라이어, 어디까지 써봤니?

에어프라이어를 구매하는 가정이 점점 많아지는데 활용도는 제각각이죠. 프라이팬과 오븐의 기능을 에어프라이어 하나로 대체할 수 있다면, 좀 더 다양하게 이용할 수 있을 거예요. 집에서 시도해봄직한 에어프라이어를 활용한 밑반찬 요리부터 메인 요리까지! 이밥차가 직접 실험해봤어요.

 나물요리

나물 반찬은 잘못 데치거나 무치면 물이 생기기 일쑤죠. 에어프라이어로 수분은 날리고, 꼬들꼬들한 식감을 살린 초간단 나물 무치기 3종을 소개합니다.

느타리버섯 볶음

| 요리 완성도 ★★★★
| 조리 시간 절약 ★★
| 조리 온도 및 시간 180℃, 15분

필수 재료 느타리버섯(2줌=80g)
양념장 소금(0.4)+다진 마늘(0.3)+참기름(0.5)+후춧가루(약간)+참깨(약간)

조리하기

1. 버섯은 밑동을 자르고 결대로 찢은 뒤 식용유(약간)를 버무려 에어프라이어에 펼치고,
2. 180℃로 예열한 에어프라이어에 15분간 돌려 꺼내고,
3. 양념장에 골고루 버무려 마무리.

Review

Good 종이포일을 깔고 버섯을 돌렸는데 버섯에서 나온 물 때문에 버섯이 촉촉했어요. 취향에 따라 꼬들꼬들하게 먹으려면 가열 시간을 좀 더 넉넉히 해주세요.

Excellent 버섯을 잘못 볶으면 물이 너무 많이 나와 양념이 흥건해지기 일쑤인데 에어프라이어로 수분을 날려주니 물이 흥건히 생기지 않아서 너무 좋았어요.

가지나물

| 요리 완성도 ★★★★★
| 조리 시간 절약 ★★
| 조리 온도 및 시간 180℃, 5분씩 2번 총 10분

필수 재료 가지(1개)
양념장 고춧가루(0.5)+국간장(0.6)+다진 대파(0.3)+다진 마늘(0.1)+참기름(0.5)

조리하기

1. 가지는 손가락 크기로 잘라 들기름(1)과 식용유(0.5)를 버무린 뒤 에어프라이어에 펼쳐 넣고,
2. 180℃로 예열한 에어프라이어에 5분씩 2번, 총 10분간 돌려 꺼내고,
3. 양념장에 골고루 버무려 마무리.

Review

Good 잘 만든 가지나물은 양념장에 버무려도 물기가 생기지 않아요. 에어프라이어로 돌린 가지는 물기 없이 깔끔하네요.

Excellent 가지의 수분을 적절히 날려주고 모양은 유지한 채로 속까지 잘 익었어요. 식감마저 오도독하고 촉촉한 가지나물! 맛있게 먹었답니다.

애호박나물

| 요리 완성도 ★★★★
| 조리 시간 절약 ★★★★
| 조리 온도 및 시간 180℃, 10분

필수 재료 애호박(1개)
양념장 소금(0.1)+국간장(0.6)+다진 대파(0.3)+다진 마늘(0.1)+참기름(0.5)+참깨(약간)

조리하기

1. 애호박은 모양대로 0.5cm 두께로 썰어 들기름(1)에 버무린 뒤 에어프라이어에 펼쳐 넣고,
2. 180℃로 예열한 에어프라이어에 10분간 돌려 꺼내고,
3. 양념장에 골고루 버무려 마무리.

Review

Good 애호박나물은 너무 비쩍 말라 호박고지나물처럼 될까 걱정했는데 예상외로 촉촉해서 만족스러웠어요.

Excellent 애호박나물은 잘 볶는 것이 관건인데, 볶을 필요 없이 에어프라이어로 수분을 날려 부드러운 식감을 제대로 살려줬어요. 비주얼까지 성공적!

구이요리

설익고 자칫하면 냄새나는 구이요리. 맛있게 굽는 법 알아볼까요?

삼치구이, 냄새 제로에 도전!

삼치구이

| 요리 완성도 ★★★★★
| 조리 시간 절약 ★★
| 조리 온도 및 시간 180℃, 15분

필수 재료 귤 껍질(1개 분량), 삼치(2토막)

조리하기

1. 종이포일 위에 깨끗이 씻은 귤 껍질을 올리고,
   plus+ 레몬, 자몽 껍질을 활용해도 좋아요.
2. 손질한 삼치를 올린 뒤 180℃로 예열한 에어프라이어에 15분간 구워 마무리.

Review

Good 생선을 구울 때마다 온 집안에 퍼지는 비린내. 에어프라이어에 넣어 구우니 비린내 안 나는 건 참 좋더라고요.

Excellent 잘 닦은 귤껍질을 넣어 구웠더니 열에 의해 귤껍질의 수분과 향이 생선에 골고루 스며들었어요. 귤향이 은은하게 퍼지며 촉촉한 생선살이 최고!

통삼겹구이, 고기 냄새를 잡아라!

통삼겹구이

| 요리 완성도 ★★★★
| 조리 시간 절약 ★★★★
| 조리 온도 및 시간 180℃, 앞뒤로 20분씩 총 40분

필수 재료 통대파(1대), 마늘(5쪽), 통삼겹살(2줄=500g)

조리하기

1. 종이포일 위에 통대파와 마늘을 담은 뒤 칼집 넣은 통삼겹살을 얹고,
2. 180℃로 예열한 에어프라이어에 앞뒤로 각각 20분씩, 총 40분간 구워 마무리.

Review

Good 대파와 마늘의 향이 고기에 스며들어 돼지 누린내 박멸에 성공!(짝짝짝)

Excellent 기름기가 빠진 담백한 맛이 Good! 고기에 칼집을 깊게 낸 덕분에 열이 골고루 전달되어 속까지 제대로 잘 익었답니다. 대파를 넉넉히 깔아 구웠더니 오래두고 먹어도 마르지 않고 촉촉함이 그대로~

궁금해요!

에어프라이어 Q&A

신통방통한 에어프라이어. 원리부터 세척법까지 궁금한 게 많죠. 알쏭달쏭한 질문들을 모아봤어요. 에어프라이어 꿀팁! 놓치지 마세요.

Q 에어프라이어의 작동 원리가 궁금해요.

A 에어프라이어는 열선으로 200℃ 수준의 열을 발생시켜 뜨겁고 강한 공기로 내부를 순환하면서 음식을 익히는 원리예요.

Q 에어프라이어 열선 세척은 어떻게 하죠?

A 간단하게 열선 세척하는 방법이 있어요. 소주와 레몬을 1:1 비율로 섞은 후 열선에 뿌리고, 15분 뒤에 젖은 키친타월로 닦아주세요. 열선을 청소하지 않으면 기기가 상할 뿐더러 음식에 영향을 줄 수 있어요.

Q 에어프라이어의 장단점은?

A 오븐의 조리방식과 같지만 크기가 작고 더 빠르게 조리할 수 있어요. 가격도 더 저렴해요. 하지만 뜨거운 공기로만 조리하기 때문에 수분감이 부족한 편이에요. 또한 대부분의 에어프라이어는 소비전력이 1500W 내외로 에어컨과 비슷하게 높은 수준이에요. 제품마다 차이가 조금씩 있으니 사용 전 체크해주세요.

Q 에어프라이어에서 이상한 냄새가 나요.

A 에어프라이어는 처음 쓸 때 제품 특유의 냄새가 날 수 있어요. 아무것도 넣지 않은 상태로 기기를 최고 온도에서 15분간 두 번 작동시킨 뒤 사용해주세요.

계량법

요리를 하기 위해서 기본적으로 알아야 할 사항 중의 하나가 바로 계량법이에요. 계량은 서로 간의 약속이기 때문인데, 누가 재더라도 같은 양으로 측량할 수 있어야 레시피의 정확한 전달이 가능하죠. 언제 어느 때 요리를 하더라도 같은 맛을 내려면 나만의 레시피도 정확한 계량이 필수예요. 계량에서 사용하는 가장 기본 단위인 컵과 큰술, 작은술에 대해 알아볼까요?

계량컵

계량컵은 200ml를 기준으로 1컵이라 하는데요, 계량컵이 없을 때는 200ml 우유팩을 이용해서 우유가 들어 있던 부분에 눈금을 그어 간이용으로 사용해도 좋아요. 또는 일반 사이즈의 종이컵을 가득 채워도 1컵이 되지요.

똑같은 1컵이라고 하더라도 이것을 무게로 잴 때 물은 200g이지만 밀가루는 더 가볍고 기름은 더 무거워요. 그러므로 레시피를 보면서 부피와 무게를 동일시하는 착각은 하지 말아야 해요. 하지만 기본양념 중에서 식초나 간장과 같은 액체는 물과 거의 비슷한 양으로 보아도 좋아요.

계량을 할 때 위에서 아래를 보고 하면 정확도가 떨어지므로 반드시 눈높이를 눈금에 맞춰 계량하세요. 밀가루를 계량할 때는 밀가루를 체에 쳐 공기의 포집을 일정하게 한 뒤에 누르거나 뭉치지 않도록 숟가락으로 담아 위를 수평으로 깎은 뒤 계량을 하고요, 버터나 흑설탕처럼 덩어리가 지기 쉬워 컵에 담을 때 중간에 공간이 생기는 것들은 꼭꼭 눌러서 계량하세요.

그 외 알아두기

약간 소금이나 후춧가루 등을 약간 넣었다면 엄지와 검지로 살짝 집은 정도를 말해요.

필수 재료 필수 재료는 음식을 만들기 위해 꼭 필요한 재료를 말해요.

선택 재료 선택 재료는 있으면 좋지만 기본적인 맛을 내는 데는 크게 영향을 끼치지 않는 재료를 말해요. 비슷한 재료로 바꾸거나 생략이 가능해요.

양념 설탕, 식초, 간장, 다진마늘, 고추장 등 요리의 맛을 내기 위해 쓰이는 재료를 말해요.

'+' 표시의 의미
양념장, 소스, 드레싱 등 음식을 만들기 전에 미리 섞어 놓으면 좋은 양념이에요. 미리 섞어두면 숙성되면서 맛이 어우러져 더 깊은 맛을 내거든요.

● **컵으로 계량하기**

액체 분량 재기

계량컵 1컵   종이컵 1컵   계량컵 ½컵   종이컵 ½컵

가루 분량 재기

계량컵 1컵   종이컵 1컵   계량컵 ½컵   종이컵 ½컵

계량스푼

시판되는 계량스푼은 보통 1큰술, 1작은술, ½작은술, ¼작은술로 구성되어 있고,
양쪽으로 큰술과 작은술이 달려 있는 간단한 형태의 계량스푼도 있어요.

큰술은 영어로는 테이블스푼(Table spoon)으로 실제로 밥을 먹을 때 식탁(Table)에서 사용하는 숟가락을 기준으로 만들었다고 해요. 물을 넣어 계량했을 때 15cc를 한 큰술이라 말하고, 작은술은 영어로 티스푼(Tea spoon)이라 말하는데 말 그대로 차를 마실 때 사용하는 숟가락을 기준으로 만들었어요. 한 큰술의 ⅓에 해당하는 5cc예요. 계량컵이나 계량스푼을 사용할 때 가장 중요한 것은 마치 물이 담겨져 있을 때와 마찬가지로 윗면을 언제나 평면 상태로 깎아 사용하는 것임을 잊지 마세요.

● 스푼으로 계량하기

가루 분량 재기

계량스푼 1큰술 / 밥숟가락 1큰술 / 계량스푼 1작은술 / 밥숟가락 1작은술

액체 분량 재기

계량스푼 1큰술 / 밥숟가락 1큰술 / 계량스푼 1작은술 / 밥숟가락 1작은술

장류 분량 재기

계량스푼 1큰술 / 밥숟가락 1큰술 / 계량스푼 1작은술 / 밥숟가락 1작은술

다진 재료 분량 재기

계량스푼 1큰술 / 밥숟가락 1큰술 / 계량스푼 1작은술 / 밥숟가락 1작은술

part. 1 | 에어프라이어
기본 메뉴

에어프라이어 샀으면 이 정도 요리는 필수죠~
기본 of 기본인 쉽고 맛있는 기본 요리 소개합니다.
하나씩만 만들어 봐도 에어프라이어 참 잘 샀다며
스스로 뿌듯할 거예요.

👤 20장 기준

이런 식이면 김 100장도 거뜬!
김구이

필수 재료 돌김(20장)
plus+ 다른 종류의 김을 사용해도 좋아요.
고추기름장 소금(0.3)+참기름(2)+고추기름(1)+후춧가루(약간)
들기름장 소금(0.3)+들기름(3)+참깨(약간)

정성스레 기름을 발라서 한 장, 한 장
팬에 구워야 했던 번거로운 김구이.
이제는 에어프라이어로 수고를 덜어보세요.
냉장고에 묵힌 김을 꺼내 취향에 맞는 기름장을 발라
에어프라이어에 넣고 돌리면 완성.
바삭바삭한 식감이 예술이에요.

1 **고추기름장**과 **들기름장**을 각각 만들고,

솔이 없다면 위생장갑을 이용해 펴 바르면 좋아요.
2 도마에 김을 올린 뒤 솔로 기름장을 각각 골고루 펴 바르고,

3 기름장 바른 김을 6~8등분하고,

김이 탈 수 있으니 열선에 닿지 않게끔 등분해주세요. 작은 에어프라이어는 10장, 중간 크기는 20장, 대용량은 30장이 좋아요.
4 에어프라이어에 김을 세워 담은 뒤 160℃에서 5~7분간 구워 마무리.

Plus Recipe
김자반
필수 재료 파래김(10장), 설탕(1), 소금(0.2), 참깨(0.5)

1 파래김은 손으로 작게 뜯은 뒤 식용유(4)에 버무리고,

2 160℃로 예열한 에어프라이어에 종이포일을 깐 뒤 파래김을 넣어 3분간 굽고,

3 뒤집어 2분간 더 굽고.

4 설탕(1), 소금(0.2)을 넣어 고루 섞고 참깨(0.5)를 뿌려 마무리.

1인분

기특한 에어프라이어 요리
통조림햄구이
&달걀볶음밥

필수 재료 대파(10cm), 밥(1공기), 달걀(1개), 통조림 햄(1통=120g)
양념 후춧가루(약간), 식용유(0.5)

밥알 한 톨마다 달걀물을 입혀 고루 익혀낸 밥과
겉은 노릇, 속은 촉촉하니 기가 막힌 햄의 조합!
삼겹살 기름에 마무리로 볶는 그 맛을 완벽하게 재현해냈답니다.
남은 삼겹살, 김치, 치즈 등을 함께 넣어 돌려도 역시 굿~

1 대파는 송송 썰고,

> 햄이 짭짤해 간을 따로 할 필요 없어요.

2 볼에 밥, 달걀, 대파, **양념**을 넣어 고루 섞고,

3 에어프라이어에 종이포일을 깔고 밥을 고루 펼친 뒤 햄을 올려 180°C에서 8분간 돌리고,

4 밥은 주걱으로 고루 섞고, 노릇해진 햄은 뒤집어 같은 온도에서 8분간 더 굽고,

5 그릇에 구운 밥과 햄을 담아 마무리.

추억의 과자

라면땅

필수 재료 라면사리(1개)
캐러멜소스 설탕($\frac{1}{2}$컵), 소금(약간), 우유($\frac{1}{2}$컵), 버터(1.5)

오도독 씹는 맛이 그리워지는 날에는 라면땅이 딱이죠. 에어프라이어를 이용해 튀기면 바삭바삭해요. 씹는 소리만 들어도 나른한 오후가 맛있어져요.

1 에어프라이어 바스켓에 종이포일을 깔고,

2 라면을 먹기 좋게 부숴 담아 180℃에서 5분간 돌리고,

3 노릇해지면 아래쪽을 위로 올리고 라면을 뒤집어 2분간 돌리고,

4 팬에 캐러멜소스 재료를 넣어 바글바글 끓이고,

5 구운 라면에 **캐러멜소스**를 묻혀 마무리.

찐 순대는 넣어둬~ 넣어둬~
순대샐러드

필수 재료 양배추(3장), 홍고추(1개), 청양고추(1개), 마늘(4쪽), 순대(400g)
소스 물(1)+식초(1)+간장(2)+물엿(2)
plus+ 고추장아찌, 새우장 담갔던 간장을 활용하면 훨씬 더 풍미가 좋아요.

👤 2인분

전자레인지에 돌려 말라 비틀어진 순대.
번거롭게 찜기에 쪄낸 순대 말고 에어프라이어에 돌려만 주세요.
튀기듯 구워낸 순대 맛을 본 사람들은 바삭하고 쫄깃한 매력에 풍덩 빠진답니다.
늘 먹는 자극적인 양념장 대신 새콤달콤한 소스와
개운한 채소를 곁들여도 의외로 잘 어울리네요.

1 양배추는 얇게 채 썰고, 고추는 송송 썰고, 마늘은 납작 썰고.

2 송송 썬 고추를 소스와 섞고.

3 에어프라이어에 순대를 넣어 180℃에서 10분간 돌리고.

4 순대 윗면이 노릇해지면 고루 섞고 마늘을 넣어 200℃에서 5분간 더 돌리고.

5 그릇에 채 썬 양배추를 깔고 순대를 올린 뒤 소스를 뿌려 마무리.

단짠느매의 끝판왕
옥수수버터구이

달고, 짜고, 느끼하고, 매운맛까지! 옥수수에 고루 입혔어요.
마성의 양념을 더하면 맛이 덜한 옥수수도 마약이 된답니다.
손에 묻혀가며 하모니카를 불게 되는 중독적인 맛!
노릇한 색이 나도록 굴려가며 굽고
가루는 아낌없이 팍팍 뿌려요.
에어프라이어로 조리하면 겉은 바삭하고
알맹이는 촉촉하게 살아 있어요.

2인분

필수 재료 삶은 옥수수(2개), 파르메산 치즈가루(4), 파슬리가루(약간)
선택 재료 고운 고춧가루(약간)
plus+ 파프리카가루(약간)를 사용해도 좋아요.
양념 설탕(1.5), 버터(2), 마요네즈(1), 소금(약간)

1 삶은 옥수수는 먹기 좋게 자르고,

2 중약 불로 달군 팬에 **양념**을 넣어 녹인 뒤 옥수수 겉면에 고루 묻히고,

3 180℃로 예열한 에어프라이어에 양념을 묻힌 옥수수를 넣어 5분간 굽고,

4 그릇에 옮긴 뒤 파르메산 치즈가루(4)와 고운 고춧가루, 파슬리가루를 넉넉히 뿌려 마무리.

Plus Recipe
단짠의 특급 로맨스♥ 옥수수치즈전

필수 재료 삶은 옥수수(2개), 부침가루(⅔컵), 슈레드 모차렐라치즈(⅓컵)
Tip 삶은 옥수수는 심지 주위로 돌려 깎아 알을 분리해주세요.
선택 재료 파슬리가루(0.2) 연유(적당량)

1 볼에 부침가루와 물, 옥수수, 모차렐라 치즈를 넣어 반죽을 만들고,

2 중간불로 달군 팬에 식용유(3)를 둘러 반죽을 올린 뒤 앞뒤로 노릇하게 굽고,

3 그릇에 담아 파슬리가루(0.2)와 연유를 뿌려 마무리.

2~3인분

집에서도 막창을?!
막창구이

집에서 먹기엔 냄새나고 힘들었던 막창구이도 에어프라이어로 깔끔하게 즐길 수 있어요. 대구 스타일 막창소스까지 찍어 먹으면 짭조름해서 잡내까지 싹 잡혀요.

필수 재료 손질 막창(1팩=400g), 양파(1개), 청양고추(1개), 마늘(10쪽)
plus+ 막창은 마트에서 쉽게 구입할 수 있어요.
양념 청주(5)
막창소스 콩가루(1)+사이다(2)+다진 파(1)+된장(1)+고추장(1)+참깨(1)

청주가 없다면 소주(3)를 뿌려주세요!

1 손질된 막창은 청주(5)를 넣고 버무려 잡내를 없애고,

2 청양고추는 굵게 다지고, 양파는 굵게 썰고,

3 굵게 다진 청양고추와 **막창소스**를 섞고,

4 에어프라이어에 막창을 넣어 180℃에서 10분간 굽고,

5 바스켓을 꺼내 막창을 한입 크기로 자른 뒤 양파, 마늘을 넣어 10분간 더 굽고,

6 그릇에 구운 막창과 채소를 곁들여 마무리.

2~3인분

겉은 바삭 속은 촉촉~
벌집통삼겹살구이 &
파절이무침

필수 재료 통삼겹살(600g), 대파채(2줌), 달걀노른자(1개)
밑간 허브솔트(2)
plus+ 허브솔트가 없다면 소금(1.5)+후춧가루(0.5)를 섞어 쓰세요.
파절이 양념 고춧가루(1), 액젓(0.5), 다진 마늘(0.5), 참기름(0.3), 참깨(약간)

에어프라이어를 사면 꼭 하고 싶었던 첫 번째 음식.
기름 닦아가며 구울 필요 없이 에어프라이어에 맡겨두면 끝이에요.
살짝 보쌈 느낌도 나면서 겉은 바삭한데 속은 촉촉해요.
노른자에 버무려 고소한 파절이무침도 같이 곁들이세요.

1 통삼겹살 양면에 사선으로 칼집을 넣고,

2 통삼겹살에 **밑간**하고,

바스켓 아래에 종이포일을 깔아 구우면 기름이 포일 위로 떨어져 설거지거리가 줄어들어요.

3 에어프라이어에 삼겹살을 넣어 180℃에서 15분간 굽고,

4 앞면이 노릇해지면 다시 뒤집어 20~25분간 굽고,

5 대파채는 **파절이 양념**에 고루 버무린 뒤 달걀노른자를 올리고,

6 구운 삼겹살은 먹기 좋게 자르고 파절이무침을 곁들여 마무리.

초간단 주전부리

누룽지&떡뻥& 볶은땅콩

에어프라이어로 못 만드는 요리가 과연 있을까요?
남은 찬밥은 구수한 누룽지로, 냉동실에 고이 모셔둔 떡국떡은 뻥튀기로,
한눈팔다 태우기 딱 좋은 땅콩까지 바스켓 하나로 깔끔하게 클리어!
초스피드로 완성되는 주전부리로 그만큼 더 애정이 간답니다.

2~3인분

누룽지
필수 재료 밥(1공기), 참기름(1)
plus+ 찬밥일 경우 전자레인지에 랩을 감싸 구멍을 뚫어 40초간 돌려 데워주세요.

떡뻥
필수 재료 떡국떡(2컵=200g), 녹인 버터(2), 연유(1), 파슬리가루(약간), 슈가파우더(약간)

볶은땅콩
필수 재료 생땅콩(2컵)
plus+ 땅콩은 15~20알 이상 먹으면 설사를 유발하니 주의하세요.

누룽지

1 볼에 밥, 참기름(1), 물(3)을 고루 섞고,

2 에어프라이어에 종이포일을 깔고 밥을 얇게 편 뒤 200℃에서 15분간 돌리고,

3 노릇해지면 뒤집어 180℃에서 10분 더 돌려 마무리.

달달한 맛을 좋아한다면 설탕을 뿌려 돌려도 좋아요.

비닐백에 담아 밀봉해 보관해요.

떡뻥

냉동 떡국 떡은 10분간 물에 담가주세요.

1 떡국떡은 물에 깨끗이 씻어 체에 받쳐 물기를 제거하고,

2 에어프라이어에서 180℃로 8분간 돌리고,

3 녹인 버터(2)와 연유(1)에 버무린 뒤 파슬리가루, 슈가파우더를 뿌려 마무리.

볶은땅콩

잠시 식힌 뒤 땅콩을 손바닥으로 비볐을 때 잘 벗겨지면 제대로 볶아진 거예요.

1 땅콩을 에어프라이어에서 160℃로 9분간 돌리고,

2 한 김 식힌 뒤 지퍼백에 담아 마무리.

Part. 1 에어프라이어 기본 메뉴 037

2~3인분

하나씩 까먹는 재미

군밤

필수 재료 밤(20개)

추운 겨울이면 꼭 생각나는 군밤!
칼집을 잘 내어 넣으면 터지지 않고 구수하게 구워져요.
눈 펑펑 오는 날.
영화 한 편 틀어놓고 하나씩 까먹는 맛이 쏠쏠하답니다.

크기가 작은 밤 기준이에요. 크기별로 불리는 시간을 10분씩 늘려주는 것이 좋아요.

칼집을 너무 깊게 내면 수분이 빠져나가 떡떡해질 수 있어요. 칼집은 적당한 깊이로 길게 내주세요.

1 물에 베이킹소다(2)를 풀어 찬물에 30분간 담가두고..

2 밤 밑동에 십자 모양으로 칼집을 길게 내고,

3 190℃로 예열한 에어프라이어에 밤을 넣어 10분간 굽고,

4 뒤집어 섞은 뒤 10분간 더 구워 마무리.

Plus Recipe
수제 초콜릿 부럽지 않은 밤초콜릿

필수 재료 군밤(10알), 코팅용 밀크초콜릿(1컵=100g)
선택 재료 다진 땅콩(2)

1 코팅용 밀크초콜릿은 따뜻한 물에 중탕으로 녹이고,

2 군밤을 초콜릿에 담갔다 포크로 건져 유산지 위에 올리고,

3 다진 땅콩(2)을 뿌린 뒤 굳혀 마무리.

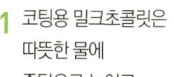

멕시칸 살사소스를 곁들인

크런키쥐포

안 먹어본 사람은 있어도
한 번 먹어본 사람은 없다는 마성의 안주, 쥐포튀김.
여기에 상큼한 토마토살사와 달달한 콘살사를 준비해 산뜻함을 더했어요.
에어프라이어로 조리할 때 온도와 시간 조절에 주의하세요.
자칫하면 탈 수 있어요.

2~3인분

필수 재료 쥐포(5장)
토마토살사 재료 토마토(½개), 양파(¼개), 청양고추(½개), 소금(0.3), 설탕(0.3), 레몬즙(1), 올리브유(1), 후춧가루(약간)
콘살사 재료 청피망(⅓개), 빨간 파프리카(⅓개), 통조림 옥수수(4), 소금(0.3), 후춧가루(0.3), 레몬즙(1), 올리브유(2), 칠리소스(0.5)

1 쥐포는 한입 크기로 4등분하고,

2 토마토, 양파, 청양고추, 청피망, 빨간 파프리카는 잘게 썰고,

3 잘게 썬 토마토, 양파, 청양고추는 나머지 **토마토살사 재료**와 고루 섞고,

4 잘게 썬 청피망과 빨간 파프리카는 나머지 **콘살사 재료**와 고루 섞고,

5 160℃로 예열한 에어프라이어에 종이포일을 깐 뒤 쥐포를 넣어 3분간 굽고,

에어프라이어가 없다면 160℃로 가열한 식용유(2컵)에 10초간 튀겨주세요.

6 그릇에 튀긴 쥐포를 담고 토마토살사와 콘살사를 곁들여 마무리.

겉은 바삭 속은 촉촉~
통닭구이

온 국민의 사랑을 듬뿍 받는 닭을 활용한 에어프라이어 요리는 어떠세요?
노릇노릇한 통닭 한 마리는 야식으로 제격이지만
한 끼 식사로는 뭔가 아쉽더라고요.
간장버터밥을 꽉 채워 담백하게 구워냈더니
이렇게 든든하고 고소할 수 없네요.
닭은 살을 발라 밥과 함께 볶아 먹어도 좋아요.

누룽지

필수 재료 닭(1마리=400~500g), 양파($\frac{1}{2}$개), 쪽파(2대)
간장버터밥 밥(1공기), 간장(1.5), 버터(1)
밑간 올리브유(2), 허브솔트(2), 후춧가루(약간),
plus+ 허브솔트가 없다면 소금(1)으로 대체해도 좋아요.

2~3인분

닭의 꽁지는 누린내가 나고 타기 쉬우니 잘라내요.

1 닭은 날개 끝과 꽁지, 지방 부분을 잘라낸 뒤 배 안쪽까지 깨끗이 씻고,

밥이 빠져나올 수 있으니 이쑤시개로 살을 꿰매듯 고정시켜주세요.

2 양파는 잘게 다지고, 쪽파는 송송 썰고,

3 간장버터밥에 양파를 섞은 뒤 닭 뱃속에 넣고,

4 다리 한쪽 옆에 칼집을 2cm 길이로 내고 다른 쪽 다리를 안으로 넣어 꼬고,

닭의 기름이 떨어져 굳으면 청소하기 번거로우니 종이포일을 깔고 구워주세요.

5 밑간을 고루 발라 10분간 숙성하고,

6 에어프라이어 바닥에 종이포일을 깐 뒤 밑간한 닭을 올려 180℃에서 20분간 굽고,

7 닭을 뒤집어 같은 온도에서 30분 더 구워 마무리.

part. 2 채소가 이렇게 맛있었나요?
채소 메뉴

심심할 수 있는 채소요리라도 에어프라이어에
넣으면 마법처럼 멋진 요리로 바뀌죠.
평소에 채소를 좋아하지 않아도 앞으로 소개할
특급 에어프라이어 레시피만 따라 하면 마음이 바뀔 거예요.

2인분

최소한의 양념으로 이런 맛이?
새송이파프리카볶음

필수 재료 새송이버섯(2개), 빨간 파프리카(¼개), 노란 파프리카(¼개)
선택 재료 양파(½개), 쪽파(2대)
양념 소금(0.5), 후춧가루(약간), 참기름(0.3), 참깨(0.2)

소금, 후춧가루, 참기름만 들어갔는데
이렇게 맛있어도 되나요?
쫄깃쫄깃~ 아삭아삭! 씹는 맛도 좋고요.
고기 반찬 없는 날, 아쉽지 않게 자리를 채워준답니다
에어프라이어로 살짝만 조리하면 볶음 반찬이 뚝딱!

1 새송이버섯, 양파, 파프리카는 5cm 길이로 채 썰고, 쪽파도 같은 길이로 썰고,

2 버섯에 소금(0.2)을 뿌려 10분간 재운 뒤 물기를 꼭 짜고,

3 180℃로 예열한 에어프라이어에 종이포일을 깐 뒤 식용유(1)를 둘러 버섯과 양파를 3분간 굽고,

4 파프리카와 쪽파를 넣어 에어프라이어에서 180℃로 2분간 구운 뒤 소금(0.3)으로 간하고 나머지 **양념**에 가볍게 버무려 마무리.

매콤한 양념장에 데굴데굴~
햇마늘고추장조림

필수 재료 쪽파(1대), 햇마늘(1컵=100g)
양념장 고춧가루(0.3)+간장(0.5)+물(⅓컵)
고추장(1)+올리고당(1)+참기름(0.3)+참깨(0.1)+

2인분

알싸하게 단맛도 나면서 아삭아삭한 햇마늘!
그냥은 매우니까 구수하게 에어프라이어로 초벌하고요.
매콤달콤한 양념장을 넣어 구우면 겉은 쫀득하고 속은 폭신해요!

1 **양념장**을 만들고,

2 쪽파는 송송 썰고,

3 180℃로 예열한 에어프라이어에 종이포일을 깐 뒤 식용유(1)를 둘러 햇마늘을 넣고 10분간 굽고,

4 양념장을 넣어 고루 버무린 뒤 10분간 굽고,

5 쪽파를 뿌려 마무리.

쫄깃한 식감이 매력적인

구운 가지나물

필수 재료 가지(2개)
양념장 소금(0.1)+국간장(0.5)+
다진 대파(0.5)+다진 마늘(0.2)+
참기름(1)+참깨(약간)

2인분

가지나물은 물컹거려서 싫은 분들 주목~
가지를 에어프라이어에 구워 양념하면
꼬들꼬들한 식감이 정말 좋답니다.
진간장 대신 국간장으로 간해야 감칠맛이 살아요.

1 가지는 1cm 두께로 어슷 썰고,

2 180℃로 예열한 에어프라이어에 종이포일을 깐 뒤 가지를 넣어 10분간 굽고,

3 **양념장**을 만들고,

4 한 김 식힌 가지에 양념장을 넣고 고루 버무려 마무리.

2인분

불맛 나는 샐러드
구운브로콜리샐러드

필수 재료 브로콜리(1개), 슬라이스 아몬드(3)
선택 재료 식초(1), 소금(0.5)
유자청드레싱 소금(0.1)+레몬즙(2)+유자청(1)+마요네즈(2.5)

에어프라이어에 구워내 담백한 브로콜리를
새콤달콤한 유자청드레싱에 버무리니
다른 재료가 없어도 허전하지 않아요.
에어프라이어에 구워 더 바삭하게 씹히는 아몬드가 신의 한 수예요.

> 브로콜리에 남아 있는 농약성분을 없애는 과정이에요.

1 브로콜리는 한입 크기로 썬 뒤 식촛물(물2컵+식초1)에 5분간 담갔다 건져 흐르는 물에 헹구고,

2 유자청드레싱을 만들고,

3 160℃로 예열한 에어프라이어에 식용유(1)를 둘러 브로콜리를 넣어 10분간 굽고,

4 그릇에 구운 브로콜리를 담고 드레싱과 슬라이스 아몬드를 뿌려 마무리.

고소한 맛에 자꾸 끌리는

검은콩뻥튀기

필수 재료 검은콩(2컵)

2컵 분량

콩이라면 질색하며 골라 먹기에 바쁜 아이들.
억지로 먹이려고 하지 말고 천천히 친해질 수 있게 해주세요.
에어프라이어로 바삭하게 구우면 뻥튀기처럼 그냥 먹어도 좋아요.
우유와 함께 갈아 스무디나 마스카포네치즈와 함께 담백한 스프레드로
빵에 곁들여 먹어도 좋아요.

> 딱딱한 식감을 원한다면 3~4시간정도만 불려도 좋아요.

1 검은콩을 깨끗이 씻은 뒤 콩이 잠길 정도로 물을 부은 뒤 하루 동안 불리고,

2 에어프라이어에 종이포일을 깔고 180℃에서 20분간 돌린 뒤 다시 살짝 뒤집어서 200℃에서 5분간 더 돌리고,

3 한 김 식힌 뒤 통에 담아 마무리.

Plus Recipe
아침대용으로 좋은 검은콩우유

필수 재료 우유(1컵), 검은콩(2)
선택 재료 꿀(약간)

1 우유에 볶은 검은콩(2)을 넣어 믹서에 갈고, 꿀을 섞어 마무리.

Plus Recipe
콩과 치즈의 운명적 만남
검은콩 마스카포네 스프레드

필수 재료 검은콩(1컵), 마스카포네치즈(2컵)
양념 소금(0.2), 설탕(4), 물엿(2)

1 검은콩은 물을 넉넉히 부어 냉장실에서 반나절 정도 불리고,

2 전기밥솥에 불린 검은콩과 불린 물(⅔컵)을 넣어 찜기능으로 40분간 익히고,

3 냄비에 익힌 콩과 **양념**을 넣어 물기가 없어질 때까지 센 불로 조리고,

4 차갑게 식혀 마스카포네치즈에 가볍게 섞은 뒤 빵이나 크래커를 곁들여 마무리.

에어프라이에서
15 분

180℃

놓쳐선 안 될 매일 반찬

다시마튀각

필수 재료 건다시마(45g)
양념 올리브유(2), 설탕(3), 참깨(약간)

6인분

제대로 튀겨 식탁 위에 올리기만 하면 환영받는 반찬인데
온도 조절이 어려워 태워 먹기 십상인 마른반찬이에요.
에어프라이어에 알맞은 온도로 튀기기만 하면
사방팔방 기름 튈 걱정 없이 깔끔하게 성공할 수 있답니다.
넉넉히 만들어 두면 밥반찬으로, 안주로
또는 비빔밥 고명으로 두루두루 활용하기 좋아요.

> 다시마 표면에 하얀 가루처럼 붙은 염분을 닦아야 짠맛이 덜해요.

1 다시마는 물을 약간 적신 키친타월로 겉면을 닦아내고,

2 한입 크기로 잘라 비닐백에 담은 뒤 올리브유(2)를 넣어 고루 묻히고,

3 180℃로 예열한 에어프라이어에 종이포일을 깐 뒤 다시마를 넣어 10분간 돌리고,

4 약간 노릇해진 다시마를 뒤적여 5분간 더 돌리고,

> 에어프라이어에서 꺼내자마자 따뜻할 때 설탕을 뿌려야 겉면에 고루 묻어요.

5 설탕(3), 참깨를 뿌려 마무리.

Part. 2 채소 메뉴   057

2인분

홈메이드 주먹밥

채소후리카케 & 주먹밥

필수 재료 팽이버섯($\frac{1}{2}$개), 호박($\frac{1}{2}$개), 당근($\frac{1}{2}$개)

선택 재료 밥(1공기), 조미김(1장), 참기름(약간)

사서 먹기에는 조금 아깝고 만들자니 귀찮았던 주먹밥.
이제 간단하게 툭툭 재료를 넣고 에어프라이어로 만들어보세요.
아이들 간식으로도 딱이랍니다.

1 팽이버섯, 호박, 당근은 잘게 다지고,

2 에어프라이어에 종이포일을 깔고 당근과 호박을 넓게 펼쳐 170℃로 10분간 돌리고,

3 팽이버섯을 넣어 고루 섞은 뒤 150℃에서 10분간 돌리고,

남은 채소후리카케는 지퍼백에 담아 냉장실에서 2~3일간 보관해요.

4 구운 채소후리카케(2), 밥, 참기름을 고루 섞은 뒤 삼각모양을 만들어 조미김을 붙여 마무리.

Plus Recipe
주먹밥 속을 책임지는 꿀조합, 쇠고기케첩볶음장

필수 재료 다진 쇠고기($\frac{1}{3}$컵=50g)

양념 고추장($\frac{1}{4}$컵), 케첩($\frac{1}{2}$컵), 물($\frac{1}{4}$컵), 참기름(1), 참깨(0.3)

1 자투리채소는 잘게 다지고,

2 센불로 달군 팬에 식용유(2)를 둘러 다진 쇠고기를 넣어 2분간 볶고,

3 고추장, 케첩, 물을 넣어 중약 불로 7분간 볶은 뒤 참기름, 참깨(0.3)를 섞어 마무리

영국의 품격
셰퍼드파이

셰퍼드파이는 감자를 으깨 치즈를 올려 구운 영국식 파이예요.
원래는 양고기를 넣지만,
감자와 채소, 햄으로 에어프라이어에 담백하게 구워냈어요.
아이들 입맛에도 맞아 가족 모두 함께 먹을 수 있는 요리랍니다.

3인분

필수 재료 양파(½개), 시금치(½줌), 감자(3개), 달걀(4개), 슬라이스 햄(4장)
선택 재료 방울토마토(6~7개), 파슬리가루(1)
양념 소금(1.5), 체다치즈 간 것(2컵), 녹인 버터(3), 사워크림(¼컵), 후춧가루(약간), 올리브유(약간)

plus+ 버터는 전자레인지에 15~20초간 돌려 녹인 뒤 사용해요.

1. 양파는 굵게 다지고, 방울토마토는 4등분해 씨를 제거하고, 시금치는 밑동을 잘라 낱낱이 가르고,

2. 달걀은 소금(0.5)과 체다치즈(1컵)를 넣어 곱게 풀고,

3. 감자는 껍질을 벗겨 4등분해 끓는 소금물(물3컵+소금1)에 20분간 익힌 뒤 건져 으깨고,

4. 으깬 감자에 나머지 체다치즈와 녹인 버터(3), 사워크림, 후춧가루를 넣어 고루 섞고,

5. 중간 불로 달군 팬에 올리브유(0.5)를 둘러 양파를 볶다가 시금치와 방울토마토를 넣어 2분간 더 볶고,

6. 내열용기에 볶은 채소를 담고 달걀물을 부은 뒤 슬라이스 햄을 얹고 양념한 감자로 덮고,

짤주머니에 으깬 감자를 담아 짜면 깔끔해요.

7. 에어프라이어에 내열용기를 넣고 180°C에서 35~40분간 익혀 마무리.

달콤하고 날씬하게
단호박에그슬럿

필수 재료 미니단호박(1개=400g), 달걀(2개)
선택 재료 모차렐라치즈(½컵)
양념 소금(약간), 파슬리가루(약간)

2인분

에그슬럿은 원래 으깬 감자 위에 수란을 만들어
빵에 올려 먹는 음식이에요.
이밥차는 칼로리 높은 빵 대신 단호박을 이용해
달콤한 에그슬럿을 만들어보았어요.
에어프라이어만 있으면 간단히 완성할 수 있답니다.

단호박을 미리 익힌 뒤 자르면 훨씬 수월해요

1 단호박을 180℃로 예열한 에어프라이어에 넣어 5분간 돌리고,

2 단호박을 반으로 잘라 숟가락으로 씨를 파내고,

달걀이 터질 수 있으니 이쑤시개로 노른자를 찔러 터뜨려주세요

3 달걀(2개)을 깨 단호박 안에 각각 넣은 뒤 소금으로 간하고,

4 에어프라이어에 넣어 180℃로 8분간 굽고,

5 모차렐라치즈(½컵)를 뿌려 2분간 더 돌린 뒤 파슬리가루를 뿌려 마무리.

튀김 is 뭔들

아보카도튀김

평소 아보카도 특유의 향이나 맛이 부담스러웠다면
잘 익은 아보카도에 빵가루를 묻혀 튀겨보세요.
한입 베어 물면 겉은 바삭~ 사르르 녹는 식감이 어메이징!
고추장과 칠리로 맛을 낸 매콤한 소스와
시원한 맥주 한 잔은 무조건 세트로 준비하세요.

2인분

필수 재료 아보카도(2개), 튀김가루(1컵),
달걀물(2개 분량), 빵가루(1컵)
plus+ 잘 익은 아보카도를 사용해주세요.
선택 재료 꿀(2)
고추장 칠리소스 설탕(1)+레몬즙(2)+
칠리소스(1)+고추장(0.5)+후춧가루(약간)

칼끝으로 씨를 찍은 뒤 좌우로 비틀면 과육에서 쉽게 분리돼요.

1 아보카도는 씨에 닿을 때까지 빙 돌려 칼집을 넣은 뒤 비틀어 반 갈라 씨를 빼고, 껍질은 손으로 살살 제거하고,

2 껍질을 제거한 아보카도는 8등분하고,

3 튀김가루 → 달걀물 → 빵가루 순으로 입히고,

4 180℃로 예열한 에어프라이어에 아보카도를 넣은 뒤 식용유(2)를 둘러 10분간 돌리고,

5 앞면이 노릇해지면 뒤집어 같은 온도에서 5분간 더 돌리고,

6 그릇에 튀긴 아보카도를 담고 꿀(2)을 뿌린 뒤 **고추장 칠리소스**를 곁들여 마무리.

part. 3 | 맛도 영양도 업그레이드!
고기 메뉴

에어프라이어 샀으면 고기만 한 메뉴가 없죠.
치킨, 폭립, 스테이크까지! 집에선 엄두가 안 났던
요리들도 에어프라이어로 '겉바속촉'하게 구워볼까요.
고기 메뉴를 생각하니 벌써 설레네요.

2인분

호프집에서 맛본 그 치킨
라면스프치킨

필수 재료　닭다리(4개), 튀김가루(2)
양념　우유(1컵), 후춧가루(약간), 라면스프($\frac{1}{2}$봉)

닭다릿살에 라면스프를 더해
바삭하면서 짭짤하게 구웠어요.
따뜻할 때 한입 베어 먹으면
껍질은 바삭하고 속은 쫄깃한 다릿살 매력 그대로~
옛날에 맛본 프라이드 치킨
딱 그 느낌이에요.

1　닭다리는 양면에 사선으로 칼집을 내고,

물기를 대충 닦아야 밑간이 더 잘 묻어요.

2　우유에 담가 30분간 재워 잡내를 없앤 뒤 흐르는 물에 씻고,

3　닭에 후춧가루, 라면스프, 튀김가루(2)를 넣어 고루 버무리고,

닭다리 사이를 벌려줘야 골고루 익어요.

4　에어프라이어에 넣어 200℃에서 10분간 돌리고,

5　윗면이 노릇해지면 뒤집어 180℃에서 10분간 돌려 마무리.

에어프라이어로 불맛까지
간장제육볶음

필수 재료 돼지고기(앞다릿살 500g),
양파(½개), 당근(¼개)
양념장 설탕(2)+맛술(2)+간장(4)+
다진 마늘(2)+굴소스(2)+후춧가루(0.5)

3인분

에어프라이어는 공기로 가열하는 원리라
늘 아쉬웠던 불맛을 굴소스로 최대한 재현했어요.
에어프라이어에 넣어 구울 때는
반드시 고기 → 채소 순으로 넣어주세요.
그래야 고기는 육즙을 그대로 머금어 촉촉하고,
채소의 아삭함도 온전히 살릴 수 있답니다.

1 양념장을 만들고,

2 돼지고기는 양념장에 버무려 10분간 재우고,

3 양파는 채 썰고, 당근은 반달 모양으로 납작 썰고,

종이포일을 깔면 양념이 빠지지 않아 촉촉해져요

4 에어프라이어에 종이포일을 깐 뒤 양념한 돼지고기를 넣어 200℃에서 10분간 굽고,

5 양파와 당근을 넣고 5분간 더 구워 마무리.

2인분

캠핑 느낌 물씬~
바비큐폭립

필수 재료 등갈비(500g), 마늘(3쪽), 통후추(5알), 청주(1)
선택 재료 파뿌리(1개), 로즈메리(2개)
폭립소스 간장(1)+다진 마늘(2)+꿀(3)+굴소스(1)+스테이크소스(3)+우스터소스(2)+케첩(2)
plus+ 꿀 대신 물엿을 사용해도 좋아요.

캠핑장에서 구운 듯 숯불향 가득한 바비큐폭립이에요.
에어프라이어로 폭립을 만들면
팬에 굽는 것보다 겉이 훨씬 더 바삭해요.
폭립을 가볍게 먼저 데쳐내면 에어프라이어에 익히는
시간도 단축되고, 기름기도 쏙 빠져
훨씬 더 촉촉한 속살을 맛볼 수 있답니다.

1 등갈비는 30분간 찬물에 담가 핏물을 빼고,

한 번 삶아내면 에어프라이어에서 굽는 시간이 짧아져요

2 냄비에 물을 넉넉히 붓고 마늘, 통후추, 파뿌리, 청주(1), 등갈비를 넣어 중간 불로 10분간 삶아 건지고,

3 한 김 식힌 등갈비에 로즈메리, **폭립소스**를 넣어 30분간 숙성하고,

4 에어프라이어에 종이포일을 깐 뒤 폭립을 200℃에서 15분간 굽고,

5 앞면이 노릇해지면 뒤집어 남은 소스를 고루 발라 15분간 더 구워 마무리.

2인분

저녁 메뉴로 딱!
항정살된장구이

필수 재료 돼지고기(항정살 400g),
부추(1줌=200g), 양파(½개), 마늘(5쪽)
된장 양념 설탕(1)+후춧가루(약간)+
청주(2)+간장(2)+물엿(1)+다진 마늘(0.5)+된장(1)+
참기름(1)

달큰한 된장 양념에 맛있게 재운 항정살.
에어프라이어에 너무 오래 돌리면 바싹 말라버릴 수 있어요.
조리시간을 잘 조절하는 것이 포인트예요.
쫄깃하면서 겉은 약간 바삭한 항정살된장구이 하나면
밥 한 공기도 문제 없답니다.

1 된장 양념을 만들고,

너무 오래 재우면 항정살의 육즙이 빠져나와요.

2 된장 양념에 항정살을 넣어 30분간 재우고,

3 부추는 5cm 길이로 썰고, 양파는 채 썰고, 마늘은 얇게 썰고,

4 양파는 찬물에 담가 매운맛을 제거한 뒤 키친타월에 올려 물기를 빼고,

5 양념한 항정살은 에어프라이어에 넣어 180℃에서 10분간 돌린 뒤 얇게 썬 마늘을 넣어 5분간 돌리고,

6 그릇에 양파와 부추를 담고 항정살과 구운 마늘을 올려 마무리.

에어프라이에서 **35**분

180℃

2인분

뼈째 구워 발라 먹는
춘천식 닭갈비

필수 재료 닭넓적다리(4쪽)
plus+ 뼈를 발라 먹기 귀찮다면 넓적다리 '살'만 있는 걸 구입하세요.
밑간 소금(약간), 후춧가루(약간)
양념장 설탕(0.8)+고춧가루(1.5)+청주(1.5)+ 간장(3.5)+고추장(2.5)+올리고당(2)

'사이정육'이라 불리는 넓적다리는 쫄깃하면서도 기름기가 적당해 닭갈비 전문점에서 많이 사용해요. 에어프라이어로 조리하면 '겉바속촉' 느낌 제대로예요. 매콤달콤한 양념에 들고 뜨는 재미까지 추가했어요.

칼을 눕혀 옆으로 밀듯이 썰어요.

1 닭고기는 세로로 길게 칼집을 넣어 넓게 펼치고,

양념이 잘 배도록 칼집을 넣어요.

2 두드려서 잔칼집을 넣고,

3 앞뒤로 **밑간**하고,

캠핑장에 가져갈 땐 고기와 양념장을 모두 버무려 지퍼백에 담아가요.

4 **양념장**을 고루 섞고,

5 에어프라이어에 닭다릿살을 넣어 180℃에서 20분간 돌리고,

6 양념장을 여러 번 덧바르며 15분간 더 돌려 마무리.

오늘 반찬 근사한데?

쇠고기아스파라거스 볶음

필수 재료 스테이크용 쇠고기 척아이롤(200g), 아스파라거스(6대), 마늘(6쪽)
plus+ 스테이크용 안심, 토시살도 좋아요.
양념장 설탕(0.5)+간장(1)+청주(1)+후춧가루(약간)
양념 소금(0.3), 후춧가루(약간)

1인분

단골 행사품목인 스테이크용 쇠고기. 소의 목살 부위인 척아이롤은 고소하면서 부드러워 등심 못지않아요. 스테이크엔 소질이 없다면 에어프라이어로 간단히 조리해보세요. 비싼 아스파라거스는 소포장된 것으로 고르거나 같은 가격에 냉동 한 봉지를 구입해도 좋습니다!

1 쇠고기는 먹기 좋게 한입 크기로 자르고,

2 아스파라거스는 밑동을 필러로 긁고 먹기 좋은 길이로 어슷 썰어 등분하고,

3 쇠고기는 **양념장**에 버무린 뒤 마늘과 에어프라이어에 넣어 180℃에서 15분간 돌리고,

4 한 번 뒤집은 뒤 아스파라거스를 넣어 5분간 더 돌리고,

5 **양념**을 뿌려 고루 섞어 마무리.

에어프라이에서 **15** 분

180℃

시판 제품 뺨치는 맛!
닭가슴살스테이크

3개 분량

필수 재료 양파(½개), 닭가슴살(4조각≒500g), 달걀(1개)
선택 재료 아스파라거스(3대), 방울토마토(3개), 올리브유(1)
양념 빵가루(3), 소금(0.5), 맛술(1), 다진 마늘(0.5), 후춧가루(약간)

한 팩씩 매번 사기엔 부담이 되어 직접 만들었어요.
첨가물 일절 들어가지 않아 건강하게 맘 놓고 먹을 수 있답니다.
넉넉히 만들어 냉동 보관해도 좋아요.
케첩 등의 소스를 곁들이면 아이들 반찬으로도 완벽!

1 양파는 잘게 다지고, 아스파라거스는 어슷 썰고, 방울토마토는 반으로 썰고, 닭가슴살(4조각)은 곱게 다지고,

2 중간 불로 달군 팬에 식용유(1)와 양파를 넣어 3분간 볶아 한 김 식히고,

3 볼에 다진 닭가슴살, 볶은 양파, 달걀, **양념**을 넣어 고루 섞고,

쟁여둔다면!
모양 그대로 랩으로 감싸 지퍼백에 넣어 냉동 보관 해주세요!

4 동글 납작하게 반죽을 만들고,

5 반죽을 에어프라이어에 넣고 올리브유(1)를 둘러 180℃에서 10분간 구운 뒤 뒤집고 아스파라거스와 방울토마토를 넣어 5분간 더 굽고,

6 모든 재료를 그릇에 담아 마무리.

에어프라이에서
10분

180℃

2~3인분

내가 바로 육즙 KING
쇠고기토마토구이

에어프라이어에 소고기를 채운 토마토를 넣어 구웠어요.
토마토가 육즙을 머금어 한입 베어 물면 촉촉함이 가득 터진답니다.
다이어터에겐 칼로리 부담 없는 한 끼 식사로,
근사한 비주얼로 손님상에 내면 칭찬 일색일 거예요.

필수 재료 양파(½개),
토마토(작은 크기 4~5개), 다진 소고기(200g)
plus+ 토마토는 단단한 걸로 준비해주세요.
선택 재료 셀러리(⅓대), 에멘탈치즈(약간)
양념 카레가루(0.5), 파프리카가루(0.3),
다진 마늘(0.5), 소금(0.3), 후춧가루(약간)
plus+ 파프리카가루가 없다면 고운 고춧가루(0.2)로
대체해도 좋아요.

1 양파와 셀러리는 잘게 다지고,

2 토마토는 윗동을 잘라 속을 파내고,
파낸 속은 곱게 다지고,

손질한 채소와 다진 토마토 속을 모두 넣어요.
3 다진 소고기에 손질한 재료를 넣고
양념과 버무려 소를 만들고,

4 토마토에 소를 넣어 채우고,

5 에어프라이어에 종이포일을 깔고
속 채운 토마토를 넣어 180℃에서
8분간 굽고,

6 에멘탈치즈를 뿌려 180℃에서
2분간 더 구워 마무리.

귀한 맛 대령이오~
단호박훈제오리구이

필수 재료 단호박(1개), 훈제오리(200g), 양파(½개), 마늘(7쪽), 모차렐라치즈(½컵)
양념 후춧가루(약간), 파슬리가루(약간)

3인분

단호박과 훈제오리의 만남! 말만 들어도 설레지 않나요.
모차렐라치즈까지 더해져 입안이 심심할 일이 없어요.
에어프라이어로 조리해 예쁘게 그릇에 올려 놓으면
손님상에 올리기에도 딱이죠.

1 단호박은 전자레인지에 5분간 돌리고,

2 양파는 채 썰어 훈제오리, 마늘을 넣어 후춧가루를 뿌려 에어프라이어에 170℃에서 15분간 돌리고,

칼집 넣기 수월해지고 껍질이 잘 벗겨져요.

3 전자레인지에 돌린 단호박은 꼭지 부분에 육각형 칼집을 넣어 도려내고, 숟가락을 이용해 속에 있는 씨부분을 깨끗이 제거하고,

4 속을 파낸 단호박에 구운 훈제오리, 모차렐라치즈 순으로 담은 뒤 단호박뚜껑을 닫아 180℃에서 10분간 돌리고,

5 그릇에 담아 먹기좋게 잘라 파슬리 가루를 뿌려 마무리.

리얼 단짠 안주
베이컨맛탕

1인분

- **필수 재료** 통베이컨(150g)
- **선택 재료** 캐슈넛(1줌)
- **양념** 설탕(2), 올리고당(4), 파슬리가루(약간)

짭짤한 베이컨이 달콤한 시럽에 버무려져 맛이 폭발.
씹을 때마다 고소함도 톡톡 터져요.
베이컨은 튀기듯 에어프라이어로 바싹 조리하면
눅진한 시럽 속에서 식감이 살아난답니다.

1 베이컨은 한입 크기로 썰고,

2 캐슈넛은 에어프라이어에 넣어 180℃에서 3분간 익히고,

3 베이컨을 넣어 180℃에서 10분간 익히고,

젓지 마세요! 저으면 결정이 생겨요.

4 약한 불로 달군 팬에 설탕(2), 올리고당(4)을 넣어 설탕이 녹을 때까지 끓이고,

5 베이컨, 캐슈넛, 파슬리가루를 고루 버무려 마무리.

part. 4 | 비린내 전혀 없어요.
생선 & 해산물 메뉴

집에서 생선 굽기 참 쉽지 않죠.
태우지 않고 노릇하게 굽는 게 어려웠다면
이젠 에어프라이어로 쉽고 맛있게 조리해보세요.
마르지 않게 맛있게 굽는 게 포인트!

2인분

에어프라이어에 꾸이꾸이~
간장버터 통오징어구이

필수 재료 숙주(2줌), 오징어(1마리=250g)
선택 재료 치커리(1줌=30g)
간장버터양념 레몬즙(1)+청주(1)+간장(1.5)+녹인 버터(5)
고추냉이 마요소스 간장(1)+고추냉이(0.3)+마요네즈(3)+다진 청양고추(0.5)

에어프라이어로 구워 비린내가 전혀 없는 매끈한 통오징어구이예요.
질긴 식감 하나 없이 완전 촉촉 그 자체!
오징어에 앞뒤로 간장버터양념을 바른 뒤
아삭한 채소와 함께 곁들여 영양까지 골고루 챙겼어요.
고추냉이 마요소스에 콕 찍어 먹으니 살짝 심심한 간도 딱 맞네요.

1 숙주는 꼬리를 제거하고, 치커리는 한입 크기로 썰고

2 오징어는 다리와 몸통을 분리해 내장을 제거한 뒤 몸통 양옆을 가위로 자르고,

3 **간장버터양념**을 만들어 손질한 오징어의 앞뒤에 골고루 바르고,

기기 성능에 따라 굽는 온도와 시간은 달라질 수 있으니 중간 중간 체크해요.

4 에어프라이어에 종이포일을 깔고 간장버터양념을 바른 오징어를 넣어 200℃에서 10분간 구운 뒤 뒤집어 다시 7분간 굽고,

5 끓는 물(2컵)에 숙주를 10초간 살짝 데쳐 찬물에 헹군 뒤 물기를 빼고,

6 그릇에 손질한 채소와 구운 오징어를 담고 **고추냉이 마요소스**를 곁들여 마무리.

봄날의 만찬
랍스터꼬리구이

마트에서 쉽게 구할 수 있는 랍스터 꼬리로
에어프라이어를 이용해 근사한 요리를 만들어보세요.
맛술을 넣어 비린 맛 전혀 없이
더 쫀득하고 탱탱해진 속살이 포인트!
여기에 알싸한 고추냉이를 더한 아보카도소스까지
곁들이면 맛이 한층 더 풍부해져요.

2인분

필수 재료 랍스터 꼬리(2개), 맛술(3)

plus+ 냉동 랍스터 꼬리를 사용할 경우 찬물에 30분 정도 충분히 담가 짠기를 제거해주세요.

양념 올리브유(2)

아보카도소스 재료 아보카도($\frac{1}{2}$개), 빨간 파프리카($\frac{1}{4}$개), 맛술(2), 레몬즙(1), 고추냉이(1), 마요네즈(3), 꿀(1), 후춧가루(약간)

plus+ 남은 아보카도는 자른 단면에 레몬즙(1)을 뿌린 후 랩으로 밀봉해 냉장 보관해주세요.

> 맛술이 비린 맛 잡고 살의 탱탱함을 살려줘요.

1 랍스터 꼬리의 배 부분은 가위로 'ㄷ'자 모양으로 자르고,

2 맛술(3)을 넣어 10분간 재우고,

3 에어프라이어에 랍스터 꼬리를 넣고 올리브유(2)를 바른 뒤 200℃에서 13~15분간 굽고,

4 아보카도는 껍질을 제거해 포크로 으깨고, 파프리카는 잘게 다지고,

5 손질한 채소와 나머지 **아보카도소스 재료**를 고루 섞고,

6 구운 랍스터 꼬리 위에 소스를 올려 마무리.

바지락찜

전국 조개찜 맛집 긴장하세요

에어프라이어로 튀김 요리만 가능하다 생각했다면 오산! 찜 요리도 거뜬하게 만들 수 있어요. 바지락을 따로 기름에 볶거나 버터를 넣지 않아 맑고 개운한 맛이 일품이에요. 바지락 살도 탱글탱글 쫄깃하답니다. 안주로 즐기거나 밥을 곁들여 먹어도 좋아요.

2인분

필수 재료 바지락(1팩=200g), 마늘(4쪽), 청주($\frac{1}{4}$컵)

plus+ 청주 대신 소주를 사용할 땐 향이 강할 수 있으니 양을 반으로 줄여주세요.
plus+ 내열용기를 준비해주세요.

선택 재료 청양고추(1개), 대파(10cm)

양념 소금(1.5), 후춧가루(0.5)

1 바지락은 소금물(물4컵+소금1)에 담가 포일로 감싼 뒤 냉장실에 1시간 정도 뒀다가 흐르는 물에 씻고,

포일로 감싸 어두운 환경을 만들면 조개가 금방 입을 벌려 해감이 잘돼요.

2 마늘은 납작 썰고, 청양고추와 대파는 송송 썰고,

3 내열용기에 해감한 바지락, 마늘, 청양고추, 물($\frac{1}{2}$컵), 청주($\frac{1}{4}$컵)를 넣어 에어프라이어에서 180℃로 10분간 돌리고,

4 소금(0.5), 후춧가루(0.5)로 간해 180℃에서 5분간 돌리고,

5 송송 썬 대파를 뿌려 마무리.

맛있게 짭조름한
가자미튀김

필수 재료 손질된 가자미(1마리), 대파(10cm)
선택 재료 고수(약간), 다진 땅콩(적당량)
양념 소금(0.2), 녹말가루(4)
소스 홍고추(½개)+설탕(0.5)+식초(1.5)+피시소스(1)+스위트칠리소스(2)+다진 마늘(0.3)+소금(약간)+후춧가루(약간)

2인분

바삭하게 튀긴 가자미에 매콤달콤새콤한 태국식 양념을 사르르~
이건 정말 먹어봐야 진가를 알아요. 호불호 강한 고수는 선택 사항!
반찬으로도 훌륭하지만 손님상 메뉴로도 손색없어요.
기름 걱정 없이 간편하게 에어프라이어로 조리해보세요.

1 가자미는 등에 칼집을 넣어 소금(0.2)을 앞뒤로 뿌려 20분간 두고,

2 홍고추는 잘게 다진 뒤 나머지 **소스** 재료와 섞고,

3 대파는 5cm 길이로 곱게 채 썰어 찬물에 담갔다 건지고, 고수는 1cm 길이로 썰고,

4 가자미 앞뒤로 녹말가루(4)를 묻혀 에어프라이어에 넣고 식용유(3)를 두른 뒤 180℃에서 20분간 굽고,

5 그릇에 담아 소스를 끼얹고 고수, 다진 땅콩, 파채를 올려 마무리.

3인분

필수 재료 반건조 노가리채(140g), 양파(1개)
소스 재료 설탕(2), 물(2), 식초(2), 요거트(4), 마요네즈(7), 후춧가루(약간), 파슬리가루(약간)

노가리가 양파에 빠진 이유
크리미어니언 노가리

마른반찬 겸 술안주로 좋은 노가리는 착한 가격 덕에 식탁 위에
꾸준히 오르는 스테디셀러 식재료예요.
한 번 구워 달큰한 양파소스에 노가리를 퐁당~
요거트의 새콤함이 특유의 비린 맛도 잡고, 소스가 속까지 스며들어 촉촉해요.

1 반건조 노가리채는 물에 10분간 불린 뒤 키친타월로 물기를 제거하고,

매운맛이 싫다면 물에 5분간 담가 매운맛을 빼주세요

2 양파는 얇게 썰고,

3 에어프라이어에 종이포일을 깐 뒤 얇게 썬 양파(½ 분량), 불린 노가리를 넣어 170℃에서 4~5분간 돌리고,

씹는 맛을 원하면 구운 양파를 잘게 다져도 좋아요.

4 믹서에 구운 양파, **소스 재료**를 넣어 곱게 갈고,

5 그릇에 노가리를 담고 나머지 양파, 소스를 올려 마무리.

Part. 4 생선 & 해산물 메뉴 099

향도 맛도 일품인

고등어된장구이

필수 재료 자반고등어(1마리)
선택 재료 쪽파(2대)
양념장 다진 마늘(0.5)+다진 생강(0.2)+된장(1)+올리고당(1)+통깨(0.3)

4인분

매번 그냥 구워 먹던 고등어에 된장을 발라 구웠더니
집안에 도는 구수한 냄새에 가족들이 식탁에
먼저 와 기다리겠어요.
이제는 고등어 굽는 연기 걱정 없이
에어프라이어로 깔끔하게 뚝딱!

1 고등어는 쌀뜨물에 30분간 담가 짠맛과 비린내를 없애고,

2 쪽파는 송송 썰고,

3 고등어의 물기를 제거한 뒤 **양념장**을 앞뒤로 고루 바르고,

팬에 쿠킹포일을 깔고 뚜껑을 덮어 중간 불에서 뒤집어가며 7분간 익혀도 좋아요.

4 양념한 고등어는 에어프라이어에 넣어 180℃에서 15분간 굽고,

5 200℃에서 5분간 더 굽고 송송 썬 쪽파를 뿌려 마무리.

Plus Tip

1 쌀뜨물이 없다면 고등어를 흐르는 물에 깨끗이 씻은 뒤 식초(2)를 뿌려 비린내를 제거해요.

2 고등어를 구운 뒤 양념장을 발라도 좋아요.

2인분

무.한.리.필
가리비버터갈릭구이

담백하고 쫄깃하며 탱글탱글한 식감의 가리비!
에어프라이어 하나면 가리비구이도 걱정 없어요.
반은 가리비구이 정석대로 ~ 반은 버터소스를 끼얹어 구워주세요.
무한리필 가리비구이 즐길 준비 되셨죠?

필수 재료 해만가리비(8개), 홍가리비(8개), 소금(1)

선택 재료 레몬(1개)

버터갈릭소스 설탕(1)+녹인 버터(2)+다진 마늘(1)+파슬리가루(약간)

1 가리비는 칫솔로 겉을 박박 닦은 뒤 소금물(물6컵+소금1)에 담가 냉장실에서 1시간 동안 해감하고,

포일로 감싸 어두운 환경을 만들면 해감이 잘돼요.

2 에어프라이어에 종이포일을 깔고 가리비를 담은 뒤 레몬을 얇게 썰어 올려 180℃에서 15분간 돌리고,

3 **버터갈릭소스**를 만들고,

4 가리비 입이 반쯤 벌어지면 절반만 한쪽 껍질을 떼어내고,

5 껍질을 떼어낸 가리비에 버터갈릭소스를 고루 뿌려 10분간 더 돌려 마무리.

> **Plus Tip** 가리비 보관 방법
>
> **1** 손질한 가리비를 냄비에 넣고 반만 잠길 만큼 물을 부어 불에 올려 가리비가 입을 반 정도 벌리기 시작하면 3분간 더 삶고,
>
> **2** 숟가락을 이용해 살을 발라 지퍼백에 담아 냉동 보관해 마무리.
>
>

Part. 4 생선 & 해산물 메뉴

2인분

팝콘 같은 중독성

바지락튀김

필수 재료 바지락살(1½컵), 밀가루(4), 달걀(2개), 빵가루(1½컵)
선택 재료 파르메산 치즈가루(2), 파슬리가루(0.3), 스위트칠리소스(적당량)
양념 소금(0.3)

만들기 전 맥주부터 냉장실에 넉넉히 채워두세요.
이건 완전 맥주 안주거든요.
겉은 바삭하고 씹을 때마다 감칠맛이 폭발!
짜지 않고 꼬소~해서 자꾸만 손이 간답니다.
에어프라이어에 높은 온도로 빨리 구워야 바지락이 뻣뻣해지지 않아요.

1 바지락살은 옅은 소금물(물2컵+소금0.3)에 흔들어 씻어 물기를 뺀 뒤 밀가루(4)에 버무리고,

2 파르메산 치즈가루(1)와 달걀을 넣어 고루 버무리고,

3 하나씩 빵가루를 입히고,

4 에어프라이어에서 180℃로 20분간 굽고,

5 파르메산 치즈가루(1)와 파슬리가루(0.3)를 뿌린 뒤 스위트칠리소스를 곁들여 마무리.

Part. 4 생선 & 해산물 메뉴

2~3인분

바삭바삭! 콜라겐 덩어리
명태껍질채소무침

동물성 콜라겐보다 체내 콜라겐 흡수율이 껑충 높은 명태껍질에
채소까지 더해 영양 만점 반찬으로!
바삭바삭한 식감에 미나리향이 더해져
고급스러운 반찬이 됐어요.

필수 재료 명태껍질(100g),
미나리(1줌), 양파($\frac{1}{4}$개)
plus+ 명태껍질은 마트, 재래시장,
건어물 가게에서 구입하세요.

양념장 고춧가루(0.5)+간장(0.5)+
다진 마늘(0.1)+다진 생강(0.1)+고추장(1)+
물엿(1.5)+참기름(0.1)+후춧가루(약간)+
참깨(0.1)

1 명태껍질은 지느러미를 손질하고,

2 한입 크기로 자르고,

3 미나리는 4cm 길이로 썰고, 양파는 4mm 폭으로 채 썰고,

4 양념장을 고루 섞고,

5 명태껍질에 식용유(3)를 넣어 고루 버무린 뒤 에어프라이어에 넣고 180℃에서 10분간 바삭하게 굽고,

6 명태껍질, 미나리, 양파, 양념장을 가볍게 버무려 마무리.

👤 3인분

필수 재료 통살 아귀포(2개=160g)
양념장 맛술(1)+녹인 버터(2)+다진 마늘(1)+물엿(2)+딸기잼(1)+고추장(0.5)
plus+ 딸기잼은 물엿으로 대체해도 좋아요
양념 참깨(1)

고급 밑반찬의 끝판왕

매콤아귀포

도톰하니 꼬독꼬독 씹히는 맛이 최고인 통살 아귀포.
주부님들의 사랑을 듬뿍 받는 에어프라이어에
단 6분만 투자하면 밑반찬으로,
야식으로도 손색없는 메뉴가 탄생하죠.

1 아귀포는 7cm 길이의 막대 모양으로 자르고,

2 물(5컵)에 10분간 불려 건진 뒤 키친타월로 물기를 제거하고,

3 불린 아귀포에 양념장을 넣어 버무리고,

4 에어프라이어에 종이포일을 깐 뒤 양념한 아귀포를 180℃에서 4분간 굽고,

5 앞면이 노릇해지면 뒤집어 2분간 구워 참깨(1)를 뿌려 마무리.

Part. 4 생선 & 해산물 메뉴

아삭한 식감이 좋아
마늘종멸치볶음

필수 재료 대파(1대=10cm), 마늘종(4대), 잔멸치(1½ 컵).
간장 양념 설탕(1)+다진마늘(2)+맛술(2)+간장(8)+물엿(3.5)

4인분

특유의 멸치 비린내는 에어프라이어로 조리해 없애고 대파의 풍미도 입혔어요. 보통 올리고당을 넣다가 딱딱해지기 쉬운데 이건 그럴 염려 없이 촉촉해요.

1 대파는 송송 썰고 마늘종은 4~5cm 길이로 썰고,

중간중간 저어가며 구워주세요

2 에어프라이어 종이포일을 간 뒤 멸치와 마늘종을 넣고,

3 180℃에서 15분간 굽고,

4 **간장양념**을 넣고 180℃에서 3분간 더 돌리고 마무리.

 3인분

금세 만들어 오래 두고 먹는
황태채볶음

필수 재료 황태채(2줌)
plus+ 황태채를 찬물에 잠깐 담가두면 더 촉촉해요.
선택 재료 쪽파(3대)
양념장 설탕(0.5)+다진 마늘(0.5)+간장(1)+고추장(1)+마요네즈(0.5)+물엿(1)+참기름(0.7)

숙취 해소에 일등 공신인 황태에
매콤 달달한 양념옷을 입혔어요.
씹을수록 고소한 풍미가 가득!
한번 만들어두면 2주는 든든해요.
씹는 맛이 좋으니 안주로도 활용해보세요.
에어프라이어로 조리하면 쫄깃한 맛이 살아 있어요.

1 양념장을 만들고,

2 황태채는 먹기 좋은 길이로 자르고, 쪽파는 2cm 길이로 썰고,

3 황태채는 에어프라이어에 넣어 180℃에서 10분간 굽고,

4 구운 황태채는 양념장에 버무린 뒤 에어프라이어에 넣고 180℃에서 5분간 굽고,

5 구운 황태채는 쪽파를 섞어 마무리.

part.5 간편하게 맛있게
핑거푸드 & 베이킹 메뉴

에어프라이어, 못 하는 게 없네! 정말~
채소, 고기, 생선메뉴부터 이제는 베이킹까지!
심심할 때 먹는 핑거푸드부터 오븐에서 구운 듯
따끈따끈 달콤한 스콘까지 다양하게 만들어보세요.

6~7개분량

달달함에 헤롱헤롱

생크림머핀

필수 재료 달걀(2개), 생크림(40g), 녹인 버터(65g), 머핀믹스(250g)
plus+ 생크림이 없다면 우유로 대신해도 좋아요.
선택 재료 블루베리(½컵)
치즈크림 휘핑된 생크림(1컵)+크림치즈(3)

한입 베어 물면 달달함에 취할 것 같은 생크림 머핀!
오븐도 없는데 집에서 어떻게 하냐고요?
우리 집 만능 요리꾼 에어프라이어 있잖아요.
휙휙 저어서 반죽 만들고 틀에 넣은 뒤 돌리기만 하면 끝!
아이들 간식용으로도 딱이에요.

1 볼에 달걀, 생크림, 녹인 버터를 넣어 거품기로 고루 풀고,

2 머핀믹스를 넣어 고루 섞고,

머핀틀 대신 종이컵에 넣어 사용해도 좋아요.

짤주머니가 없다면 지퍼백 끝을 잘라 사용해주세요.

3 반죽을 짤주머니에 담아 머핀틀에 70% 정도 짜 넣고,

plus+ 반죽 담은 머핀틀을 살짝 들었다 떨어트려 공기를 빼주세요.

4 에어프라이어에 넣고 160℃에서 15~17분간 노릇하게 굽고,

5 **치즈크림**과 블루베리를 올려 마무리.

4인분

불 앞에서 뒤집지 않아도
호떡시나몬롤

필수 재료 호떡믹스(1개), 우유(1컵), 버터(2)
plus+ 실온에 버터를 미리 꺼내주세요.

양념 밀가루(1), 녹인 버터(1), 계핏가루(2)
슈가글레이즈 슈가파우더(2)+우유(4)

직접 만들기 번거로운 빵.
시판용 믹스와 에어프라이어만 있다면
베이킹도 자신만만해져요.
반죽하기 전 인스턴트 이스트와 우유를
먼저 잘 섞어주면 매끈한 반죽을 만들 수 있어요.
호떡잼믹스가 빵에 녹아들어 더 달콤 촉촉해요.

우유는 전자레인지에 1분간 돌려주세요.

녹인 버터를 바르면 설탕토핑이 잘 붙어요

1 호떡믹스와 동봉된 인스턴트 이스트에 우유를 섞어 한 덩어리로 뭉친 뒤 버터(2)를 넣어 매끈하게 뭉치고,

2 도마 위에 밀가루(1)를 뿌린 뒤 반죽을 밀어 넓게 펴고,

3 녹인 버터(1)를 반죽 위에 펴 바른 뒤 동봉된 호떡잼믹스와 계핏가루(2)를 고루 뿌리고,

꼼꼼히 붙여야 구울 때 풀어지지 않아요

종이포일을 깔아야 반죽이 에어프라이어에 달라붙지 않아요.

4 돌돌 만 뒤 반죽이 풀리지 않게 끝을 꼬집어 붙여 7~9등분하고,

5 에어프라이어에 종이포일을 깐 뒤 반죽을 넣어 180℃에서 15~20분간 돌리고,

6 살짝 식혀 **슈가글레이즈**를 뿌려 마무리.

지름 20cm, 1개 분량

나 혼자만 먹고 싶은
대추소스사과파이

대추 먹기 싫어하는 아이들도 사과파이라고
하면 금세 달려와 집어들어요.
에어프라이어에 돌리면 사과는 바삭하면서
대추소스와 어우러진 파이는 한껏 달달하고 부드럽죠.

대추 소스 말린 대추(1컵),
계핏가루(0.5), 설탕(0.5), 소금(약간),
우유(180g), 사과잼(3)
plus+ 대추는 씨를 제거해 물에 1시간 정도 담가두세요.

사과 토핑 사과(3개), 레몬즙(3)
plus+ 사과는 물(3컵)에 베이킹소다(2)를 풀어 깨끗하게 씻어 준비해요.

파이지 재료 강력분(240g), 중력분(120g),
설탕(15g), 버터(120g), 우유(1½컵)

냉장실에서 30분간 숙성하면 부드럽고 진한 질감의 대추소스가 돼요.

1 믹서에 물에 불린 대추와 나머지 **대추소스 재료**를 넣어 곱게 갈고, 대추소스는 볼에 담아 랩을 씌운 뒤 냉장고에서 30분간 숙성하고,

2 사과는 얇게 썰어 레몬즙(3)을 뿌린 뒤 랩을 씌운 뒤 냉장실에 보관하고,

3 강력분과 중력분은 체에 거른 뒤 설탕과 잘게 자른 버터를 넣어 고루 섞고,

4 찬물(1)을 넣고 치대 한 덩어리로 만든 뒤 동글납작하게 만들어 비닐백에 담아 냉장실에서 30분간 휴지시키고,

5 반죽을 파이틀 바닥면에 올리고 5mm 두께로 밀어 바닥면을 파이틀에 끼우고,

6 반죽을 눌러서 틀 안에 채운 뒤 포크로 구멍을 내고,

7 대추소스를 넣은 뒤 얇게 썬 사과토핑을 올리고,

8 180℃로 예열한 에어프라이어에 20분간 구워 식혀 마무리.

간식, 밥반찬, 술안주까지! 열일하는
감자치즈볼

필수 재료 감자(3개), 스트링치즈(2개), 체다치즈(2장), 달걀(2개), 빵가루(1컵)
plus+ 달걀은 곱게 풀어 준비해주세요.
양념 소금(0.5), 파르메산 치즈가루(2), 파슬리가루(약간)

기름에 튀겨야 제맛이라지만
남은 기름 뒤처리가 늘 걱정이잖아요.
달걀물 바르고 빵가루만 입힌 뒤 에어프라이어로 담백하게 튀겨주세요.
경쾌하게 씹히는 바스락 소리와 쭈욱 늘어나는 치즈~
이런 매력적인 메뉴는 맛보지 않고 배길 수 없겠죠

랩에 젓가락으로 구멍을 낸 뒤 돌려주세요.

1 감자는 껍질을 벗겨 작게 썰고 내열용기에 담아 랩으로 감싼 뒤 전자레인지에 7분간 돌리고

2 스트링치즈와 체다치즈는 4등분해 체다치즈로 스트링치즈를 감싸고,

3 삶은 감자는 포크로 곱게 으깬 뒤 **양념**해 고루 섞고,

4 으깬 감자를 납작하게 뭉쳐 치즈를 올리고 둥글게 감싸고,

5 달걀물 → 빵가루 순으로 옷을 입혀 에어프라이어에 넣고,

6 식용유(2)를 고루 뿌리고 180°C에서 15분간 구워 마무리.

누가 먹어도 좋아할 만한
누가크래커

필수 재료 대파(10cm), 크래커(16개), 우유캐러멜(8개)
양념 버터(2), 맛소금(0.2)
plus+ 맛소금 대신 일반 소금(0.1)을 사용해도 좋아요.

👤 8개 분량

대만여행의 필수 쇼핑 아이템인 과자예요.
파를 입힌 비스킷과 우유캐러멜의 단짠조합에 한 번,
바삭하고 쫀득한 식감에 두 번 빠져든답니다.
따끈하게 만들어 먹으니 풍미가 가득해 훨씬 맛있네요.
에어프라이어에 살짝 돌려만 주면 돼요.

1 대파는 굵게 다지고,

부서지지 않도록 가볍게 볶아요

2 굵게 다진 대파와 버터(2), 맛소금(0.2)을 섞은 뒤 크래커에 발라 180℃로 예열한 에어프라이어에서 5~7분간 돌리고,

3 그릇에 구운 크래커 절반을 깐 뒤 우유 캐러멜을 올리고,

4 에어프라이어에서 180℃로 2분간 돌려 캐러멜이 살짝 퍼지면 나머지 크래커로 덮어 마무리.

Part. 5 핑거푸드 & 베이킹 메뉴

악마도 사르르 녹이는
컵브라우니

3개 분량

필수 재료 쁘띠 몽쉘(6개), 녹인 버터(1), 누텔라(2), 우유(4), 달걀(1개), 핫케이크가루(3)

선택 재료 초코청크(3), 슈가파우더(2), 민트(4장)

plus+ 초크청크가 없다면 조각낸 초콜릿을 사용해주세요.

촉촉하고 부드러운 브라우니를 만드는 실패없는 레시피!
몽쉘을 사용해 단단한 기초를 다지고, 풍미를 높여주는 버터와
한 번 먹으면 멈출 수 없는 악마의 잼 누텔라와 촉촉한 우유까지 더했답니다.
학교에서 지친 우리 아이들에게 힘을 실어줄 스윗한 컵브라우니를 선물하세요~
에어프라이어만 있으면 5분만에 훌륭한 디저트 완성!

포크를 사용하면 잘 으깨져요.

1 몽쉘은 전자레인지에 30초간 돌려 으깨고.

2 으깬 몽쉘에 녹인 버터, 누텔라, 우유, 달걀, 핫케이크가루, 초코청크를 넣어 초코반죽을 만들고,

3 내열 용기에 초코반죽을 넣고,

4 180℃로 예열된 에어프라이어에서 5분간 돌리고,

쁘띠 몽쉘을 토핑처럼 올려도 좋아요.

5 슈가파우더를 뿌리고 민트를 올려 마무리.

Part. 5 핑거푸드 & 베이킹 메뉴   127

part. 6   작은 팁 하나로 근사한 요리가 완성!

시판제품 메뉴

에어프라이의 한계는 어디까지일까요?
이런 것도 만들 수 있네 싶은 요리들에 이밥차만의
마법 같은 팁으로 요리를 업그레이드해봤어요.
에어프라이어에 약간의 디테일만 더한다면
시판제품보다 훨씬 맛있는 우리 집 특별 요리가 완성돼요.

밥도둑 반찬 대령이오~

소시지케첩볶음

필수 재료 비엔나 소시지(10개), 빨간 파프리카(½개), 노란 파프리카(½개)
양념장 설탕(1)+케첩(2)+굴소스(1)+올리고당(1)+다진 마늘(1)+후춧가루(약간)

2인분

번거롭게 팬으로 요리할 필요 없어요.
이젠 에어프라이어에 넣기 전에 양념해 버무리고
그냥 시간, 온도만 맞춰 돌려보세요.
뚝딱 하고 밥 반찬, 아이들 도시락에
최고인 소시지케첩볶음이 나온답니다.

1 소시지는 칼집을 내고, 파프리카는 한입 크기로 썰고,

2 볼에 손질된 채소, 소시지, **양념장**을 넣어 버무리고,

3 에어프라이어에 넣어 180℃에서 10분간 돌린 뒤 고루 섞어 10분간 더 돌리고.

4 그릇에 담아 마무리.

Plus Recipe
이거 진짜 대박 안주
소시지강정

필수 재료 비엔나소시지(1½줌), 땅콩(2)
강정소스 설탕(1)+물(2)+간장(0.7)+물엿(1)+참기름(0.3)

1 비엔나소시지는 원하는 모양으로 칼집을 넣고, 땅콩은 굵게 다지고,

2 소시지를 체에 받쳐 뜨거운 물(1컵)을 부은 뒤 키친타월로 물기를 닦고,

3 중간 불로 달군 팬에 식용유(3)를 두르고 소시지를 겉이 바삭해질 때까지 구워 꺼내고,

4 키친타월로 팬을 닦은 뒤 **강정소스**를 부어 끓어오르면 소시지와 땅콩을 넣고 소스를 고루 묻혀 마무리.

3인분

겉은 바삭 속은 촉촉~

치즈스틱 with 대파소스

필수 재료 치즈스틱(3개), 대파(15cm)
디핑소스 재료 설탕(3), 우유(4), 식초(0.5), 다진 마늘(1), 버터(1), 머스터드(1), 마요네즈(4), 체다치즈(1장)

두 개 이상 먹으면 느끼할 수도 있는 치즈스틱에 대파소스를 더해보세요. 에어프라이어로 조리하면 겉은 살짝 바삭하면서 치즈는 쭉쭉 늘어나요. 대파소스가 느끼함도 잡아줘요.

1 대파는 반을 갈라 5cm 길이로 자르고,

햄이 짭짤해 간을 따로 할 필요 없어요.

2 에어프라이어에 치즈스틱, 대파를 넣고 식용유(3)을 뿌려 200℃에서 10~12분간 돌리고,

3 전자레인지에 **디핑소스 재료**를 넣어 2분간 돌리고,

4 구운 대파는 꺼내 잘게 다져 디핑소스랑 섞고,

5 그릇에 치즈스틱을 담아 디핑소스와 곁들여 마무리.

2인분

귀차니스트도 만드는
베이컨칩

핫도그 토핑으로 쓰거나 찐 감자에
치즈와 함께 뿌려 먹어도 좋은 바삭한 베이컨칩이에요.
이국적인 맛의 타코시즈닝과 치즈 풍미가 일품인 치즈시즈닝.
두 가지를 준비해봤어요.
바삭바삭~ 짭조름한 맛이 맥주와 찰떡궁합이네요.

필수 재료 베이컨(10줄)
타코시즈닝 페페론치노(1), 파프리카 파우더(1), 카레가루(0.5), 후춧가루(약간)
plus+ 파프리카 파우더는 고운 고춧가루로 대신해도 좋아요.
치즈시즈닝 파르메산 치즈가루(1), 설탕(1), 파슬리가루(약간)

1 베이컨은 한입 크기로 자르고.

2 에어프라이어에 베이컨을 넣어 190℃에서 5분간 돌리고.

3 윗면이 노릇해지면 베이컨을 뒤집어 170℃에서 5분간 돌리고.

4 구운 베이컨을 반씩 나눠 **타코시즈닝**과 **치즈시즈닝**을 각각 묻혀 마무리.

Plus Recipe
속이 도톰한 베이컨 통감자구이

1 통감자를 깨끗이 씻은 뒤 에어프라이어에 넣고 180℃에서 25분간 돌리고.

2 반을 갈라 체다치즈(1장)를 올리고 같은 온도로 3분간 더 돌리고

3 사워크림(1)과 시즈닝한 베이컨칩을 잘게 잘라 올려 마무리.

남은 족발도 다시 한 번
족발페퍼구이

👤 3인분

필수 재료 통후추(3), 족발(500g)
선택 재료 양파(½개), 쪽파(1대)
plus+ 이국적인 맛을 원한다면 고수를 넣어도 좋아요.
양념장 녹인 버터(2)+다진 마늘(1)+
다진 생강(0.3)+생크림(1)+굴소스(0.5)+
후춧가루(약간)

전날 시켜 먹고 남은 족발은 이미 윤기와 탱탱한 식감이 실종된 상태.
걱정 마세요, 에어프라이어가 즉시 해결해드려요.
껍질은 바삭하고, 속살은 쫀득쫀득해 입에 착착 감기고요.
굵게 빻은 통후추소스에 버무려 잡내도 말끔히 잡았어요.
찰진 매콤함이 시원한 맥주를 부르네요.

후추 그라인더를 사용해도 좋아요.

1 통후추(3)는 곱게 빻고,

2 양파는 잘게 다지고, 쪽파는 송송 썰고,

3 족발에 **양념장**, 빻은 통후추, 다진 양파를 넣어 고루 버무리고,

4 에어프라이어에 종이포일을 깐 뒤 양념장에 버무린 족발을 넣어 180°C에서 7분간 굽고,

5 앞면이 노릇해지면 뒤집어 같은 온도에서 5분간 더 굽고 쪽파를 뿌려 마무리.

2인분

치킨의 새로운 짝꿍

할라피뇨치킨

필수 재료 할라피뇨(3개), 밀가루(5), 달걀물(1개 분량), 빵가루(5), 시판 치킨텐더(½봉=200g)
체다치즈소스 소금(약간), 우유(1컵), 다진 마늘(0.8), 꿀(0.5), 체다치즈(6장)

치킨의 느끼함을 잡아줄 치킨 무 대신 이제는 할라피뇨가 대세예요.
고소한 반죽옷을 입혀 치킨과 함께 할라피뇨를 튀겨내면
바삭한 식감과 특유의 시큼매콤한 맛에 은근히 중독돼요.
에어프라이어와 치킨, 더 이상 무슨 말이 필요할까요?

1 할라피뇨는 꼭지를 뗀 뒤 1cm 두께로 썰고,

2 할라피뇨에 밀가루 → 달걀물 → 빵가루 순으로 튀김옷을 입히고,

3 180℃로 예열한 에어프라이어에 튀김옷을 입힌 할라피뇨와 치킨텐더를 넣어 10분간 돌리고,

> 거품기로 우유와 치즈를 고루 섞은 뒤 타지 않게 주걱으로 저어가며 끓여요.

> 내열용기에 재료를 넣어 전자레인지로 3분간 돌려도 좋아요.

4 팬에 **체다치즈소스**를 넣어 약한 불로 5분간 끓이고,

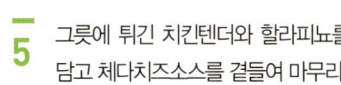

5 그릇에 튀긴 치킨텐더와 할라피뇨를 담고 체다치즈소스를 곁들여 마무리.

5분이면 완성!

핫도그피자

필수 재료	양파($\frac{1}{3}$개), 핫도그(1개), 피자치즈(1컵)
선택 재료	통조림 옥수수($\frac{1}{3}$컵), 파슬리가루(약간)
양념	토마토소스($\frac{1}{3}$컵)

1인분

핫도그가 피자 역할을 톡톡히 해냅니다.
빵은 치즈 속에서 녹아 부드러운 도우로,
햄은 채소와 함께 톡톡 씹히는 토핑으로~
한 개론 아쉬웠던 핫도그가 든든해져요.
에어프라이어로 5분이면 뚝딱!

1 양파는 잘게 다지고,
통조림 옥수수는 체에 밭쳐
물기를 완전히 제거하고,

2 핫도그는 실온에서 해동한 뒤
꼬치를 제거하고 1cm 폭으로 썰어
내열용기에 펼쳐 담고,

3 토마토소스를 골고루 바르고,

4 양파와 옥수수를 고루 뿌리고,

5 피자치즈를 뿌린 뒤 180°C로
예열한 에어프라이어에 5분간
돌리고,

6 파슬리가루를 뿌려 마무리.

2인분

든든한 한 끼 식사
가츠산도

돈가스 한 장을 통째로 넣었더니
한 끼는 이걸로 충분하네요.
양배추와 연겨자를 곁들여
무거운 느낌은 사라지고 아삭한 식감과
톡 쏘는 알싸함이 살아나요.

필수 재료 양배추(1/8통), 시판 돈가스(2장), 식빵(4장)

plus+ 냉동 돈가스의 경우 실온에 30분~1시간 정도 두어 해동한 뒤 사용하세요.

양념 마요네즈(적당량), 돈가스소스(적당량), 연겨자(약간)

1 양배추는 곱게 채 썰고,

2 200℃로 예열한 에어프라이어에 돈가스를 넣고 식용유(3)를 뿌린 뒤 10분간 돌리고, 노릇해지면 뒤집어 10분 더 돌리고,

3 앞뒤로 노릇하게 익으면 키친타월에 받쳐 기름기를 빼고,

4 식빵 한쪽 면에 마요네즈를 모두 바르고,

돈가스소스에
연겨자를 섞어
뿌려도 좋아요.

식빵은 마요네즈를
바른 면이 안쪽으로
가도록 해요.

5 식빵(1장) → 돈가스 → 돈가스소스 → 양배추 순으로 올린 뒤 식빵(1장)으로 덮고,

6 먹기 좋게 등분한 뒤 연겨자를 곁들여 마무리.

3인분

만소~만소~
만두소시지꼬치

필수 재료 냉동 납작만두(18개), 소시지(15개), 마요네즈(2)
양념장 고추장(1)+케첩(4)+올리고당(2)

소떡소떡을 응용한 만두요리예요.
떡 대신 만두가 실하게 자리잡았답니다.
추억의 케첩 양념에 고소함을 더할
마요네즈도 꼭 곁들여주세요.
야밤에 슬쩍 만들어서 에어프라이어에 돌리면
그렇게 맛있을 수가 없어요.

만두를 미리 살짝 익혀두면 꼬치에 끼우기 쉬워요.

끓는 물에 가볍게 소시지를 데쳐 준비해도 좋아요.

1 납작만두에 물(3)을 넣어 전자레인지에 2분간 익히고,

2 꼬치에 만두와 소시지를 번갈아 끼우고,

3 **양념장**을 만들고,

비닐백에 마요네즈를 팽팽하게 채운 뒤 끝부분을 사선 모양으로 살짝만 잘라 마요네즈를 뿌려주세요.

4 180℃로 예열한 에어프라이어에 꼬치를 올려 식용유(2)를 뿌린 뒤 8~10분간 돌리고,

5 양념장을 골고루 바른 뒤 마요네즈(2)를 뿌려 마무리.

4~5인분

바삭함에 손이 가네
크림파스타칩

필수 재료 삶은 파스타(200g), 크림소스(6), 파슬리가루(약간)

야밤에 안주는 없고 사러 가기는 귀찮을 땐 에어프라이어로 간단하게 파스타칩을 만들어보세요. 크림소스를 뿌려서 먹으면 고소함이 두 배. 시판과자보다 바삭하면서 훨씬 취향저격!

1 삶은 파스타에 크림소스(6)를 넣어 고루 버무리고,

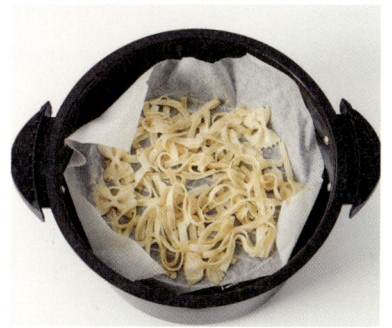

2 에어프라이어에 넣고 160℃에서 15분간 돌리고,

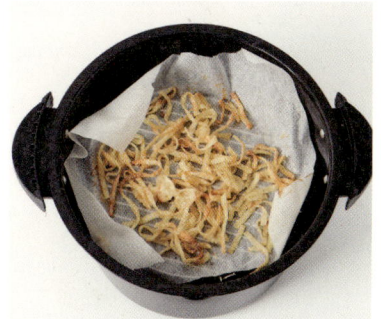

3 노릇해지면 뒤집어 170℃에서 5~7분간 돌리고,

4 파슬리가루를 뿌려 마무리.

Plus Recipe
파스타칩과 잘 어울리는 크림 소스를 만들어요.
옥수수마요소스와 타바스코마요소스!

옥수수마요소스
필수 재료 설탕(1), 통조림 옥수수(1컵), 마요네즈(4), 통조림 옥수수 국물(2)

타바스코마요소스
필수 재료 마요네즈(3), 타바스코소스(1)

모든 재료를 믹서에 넣고 옥수수가 씹힐 정도로 갈아 마무리.

마요네즈(3)와 타바스코소스(1)를 고루 섞어 마무리.

160~180℃

에어프라이에서 15분

잡채가 다했네~
잡채짜조

시판 잡채를 라이스 페이퍼로 돌돌말아 먹으면
쫄깃한 맛이 일품이랍니다.
그 안에 각종 자투리채소를 돌돌 말아 속을 꽉 채워 구워도 좋아요.

2인분

필수 재료 시판잡채(1½컵=80g),
라이스페이퍼(6장)
선택 재료 청양고추(½개), 홍고추(½개)
칠리소스 까나리액젓(1)+
파인애플통조림국물(4)+식초(1)+다진 마늘(1)+
설탕(1)

1 고추는 잘게 다지고,

2 라이스페이퍼는 따뜻한 물에 담가 녹인 뒤 잡채를 넣어 돌돌 말고,

3 식용유를 얇게 바른 뒤 에어프라이어에 넣어 160℃에서 10분간 돌리고,

4 노릇해지면 뒤집어 180℃에서 5분간 돌리고,

5 다진 고추와 **칠리소스**를 섞어 잡채짜조와 곁들여 마무리.

맛보장 맥주 안주

교자 파르메산 크럼블

에어프라이어로 자주 구워 먹는 만두를 더 맛있게 즐기는 방법을 소개할게요.
속이 꽉 찬 교자에 치즈와 마요네즈를 더한 빵가루만 올리면 완성!
한입 베어 물면 겉은 바삭 바삭~
새콤한 피클로 느끼함까지 확 잡았답니다.

3인분

필수 재료 양파(½개), 피클(⅔컵=50g), 교자(9개)
plus+ 냉동 상태의 교자는 미리 해동해 준비해요.

파르메산 크럼블 고운 고춧가루(0.5), 파르메산치즈(½컵=40g), 빵가루(1½컵=70g), 마요네즈(½컵)
plus+ 고운 고춧가루 대신 칠리 파우더를 사용해도 좋아요.

1 양파는 굵게 채 썰고, 피클은 굵게 다지고,

2 **파르메산 크럼블**을 만들고,

3 중간 불로 달군 팬에 식용유(0.5)를 둘러 양파와 피클을 넣어 2분간 볶아 꺼내고,

4 내열 용기에 볶은 양파와 피클을 넣은 뒤 교자를 올려 에어프라이어에서 180℃로 6분간 굽고,

5 파르메산 크럼블을 올리고 같은 온도에서 3분간 더 구워 마무리.

Index

ㄱ

가리비버터갈릭구이 102
가자미튀김 96
가츠산도 142
간장버터통오징어구이 90
간장제육볶음 70
감자치즈볼 122
검은콩뻥튀기 54
고등어된장구이 100
교자 파르메산 크럼블 150
구운가지나물 50
구운브로콜리샐러드 52
군밤 38
김구이 22

ㄴ

누가크래커 124
누룽지&떡뻥&볶은땅콩 36

ㄷ

다시마튀각 56
난호박에그슬럿 62
단호박훈제오리구이 84
닭가슴살스테이크 80
대추소스사과파이 120

ㄹ

라면땅 26
라면스프치킨 68
랍스터꼬리구이 92

ㅁ

마늘종멸치볶음 110
막창구이 32
만두소시지꼬치 144
매콤아귀포 108
명태껍질채소무침 106

ㅂ

바비큐폭립 72
바지락찜 94
바지락튀김 104
벌집통삼겹살구이&파절이무침 34
베이컨맛탕 86
베이컨칩 134

ㅅ

새송이프파리카볶음 46
생크림머핀 116
셰퍼드파이 60
소시지케첩볶음 130
쇠고기아스파라거스볶음 78
쇠고기토마토구이 82
순대샐러드 28

ㅇ

아보카도튀김 64
옥수수버터구이 30

ㅈ

잡채짜조 148

족발페퍼구이 136

ㅊ

채소후리카케&주먹밥 58
춘천식 닭갈비 76
치즈스틱 with 대파소스 132

ㅋ

컵브라우니 126
크런키쥐포 40
크리미어니언노가리 98
크림파스타칩 146

ㅌ

통닭구이 42
통조림햄구이&달걀볶음밥 24

ㅎ

할라피뇨치킨 138
핫도그피자 140
항정살된장구이 74
햇마늘고추장조림 48
호떡시나몬롤 118
황태채볶음 112